新时期
高校法治文化建设
问题研究

XIN SHIQI
GAOXIAO FAZHI
WENHUA JIANSHE
WENTI YANJIU

任 梅 秦 犹 著

江苏大学出版社
JIANGSU UNIVERSITY PRESS

镇 江

图书在版编目(CIP)数据

新时期高校法治文化建设问题研究 / 任梅，秦犹著
. — 镇江：江苏大学出版社，2020.12
ISBN 978-7-5684-1322-0

Ⅰ. ①新… Ⅱ. ①任… ②秦… Ⅲ. ①高等学校—法
制教育—研究—中国 Ⅳ. ①G641.5

中国版本图书馆 CIP 数据核字(2019)第 297456 号

新时期高校法治文化建设问题研究
Xin Shiqi Gaoxiao Fazhi Wenhua Jianshe Wenti Yanjiu

著　　者/任　梅　秦　犹
责任编辑/汪　勇　吴小娟
出版发行/江苏大学出版社
地　　址/江苏省镇江市梦溪园巷 30 号(邮编：212003)
电　　话/0511-84446464(传真)
网　　址/http://press.ujs.edu.cn
排　　版/镇江市江东印刷有限责任公司
印　　刷/广东虎彩云印刷有限公司
开　　本/890 mm×1 240 mm　1/32
印　　张/6.25
字　　数/175 千字
版　　次/2020 年 12 月第 1 版
印　　次/2020 年 12 月第 1 次印刷
书　　号/ISBN 978-7-5684-1322-0
定　　价/48.00 元

如有印装质量问题请与本社营销部联系(电话：0511-84440882)

目　　录

第一章 新时期推进高校法治文化建设的时代命题

第一节 高校法治文化建设的基本内涵

一、高校法治文化建设的内涵解读

党的十八大以来，习近平总书记多次指出，中华民族近代以来最伟大的梦想，就是实现中华民族的伟大复兴。全国人民应当团结一心，发扬吃苦耐劳精神，坚持科技创新，坚持走中国特色社会主义道路，实现中华民族的伟大复兴。而要完成这一历史使命，必须坚持推进依法治国。依法治国不仅是中华民族伟大复兴这一目标的重要组成部分，同时也是中华民族伟大复兴进程中的重要保障。

随着我国法治进程的不断推进，关于法治文化的研究也日益丰富，形成了许多例如"法文化""法治文化""法律文化"的理论成果。从发展的角度来看，"法治文化"更加能够体现一个国家法治发展的历史传统与文化基础。"法治"不仅仅包括法律制度建设，而且涵盖了法律治理这一动态过程，体现了一个国家与民族特定的历史传统和文化价值。

从文义角度来看，"法治文化"是"法治"与"文化"的结合。法治是现代法律社会发展到一定阶段的结果，凝聚了社会正义的价值观念，是理想的国家治理模式；而"文化"，是相对于政治、经济而言的人类全部精神活动及其活动产品，它存在于每个人的内心深处，时时刻刻影响着人的思想和行为。所以，"法治文化"是影响人们思维及行为方式的法律意识、法律原则、法律观念①，体现为人们能理性看待事物及维护自身权益，从而在整体上能够更好地在国家和社会层面上践行依法治国这一治国方略。因此，党的十八届四中全会通过的《中共中央关于全面推进依法治国若干重大问题的决定》中明确指出必须弘扬社会主义法治精神，加强社会主义法治文化建设。

从上述分析中可以看出，法治文化作为法治的一部分，是法律行为、法律制度、法律理论等在文化领域的集中映射②。而高校作为文化传播的主要阵地，不仅承担着知识教育的使命，同时也要帮助学生树立正确的价值观。目前，高校校园内的违法违规现象有增多趋势，甚至出现了故意杀人等严重的违法犯罪行为。加强高校法治教育和法治文化建设，已经成为一流高校、平安高校建设的必然要求。

二、高校法治文化建设的实践背景

校园文化是以学生为主体、校园为主要空间，包括教职工在内，以校园精神为主要内涵的群体文化，包括学风、校风、规章制度、人际关系等③。目前随着国家对于法治文化建设的重视，学校也逐渐加强了学生法治教育，但由于我国高校法治文化建设起步较晚，还存在一些问题，主要表现在以下几个方面：

（一）大学生法治意识淡薄

虽然随着国家普法教育的深入展开，大学生法治观念相较于

---

① 刘斌：《用法治文化推进依法治国》，《光明日报》，2014 年 11 月 6 日第 2 版。
② 张文显：《法治的文化内涵——法治中国的文化构建》，《吉林大学社会科学学报》，2015 年第 4 期。
③ 王艺儒：《基于创新导向的大学生人才培养探析》，《经济研究导刊》，2018年第 5 期。

以往已大大增强，但是随着互联网时代的来临，信息传播途径多样化，高校学生由于社会经验较少，对不同社会现象尤其是对网络空间中的多元价值观，缺乏理性判断的能力，对于法律在社会生活中的实际作用、法律与权力的关系、法律与利益的平衡等问题，容易产生错误的认识，因此出现各种违法违规的行为。

（二）校园法治文化建设有待加强

高校近年来已经意识到法治文化在校园管理和学生教育过程中的积极作用，但是从理论落实到实际行动之中，却较为缓慢，其主要原因在于法治文化建设并不能立竿见影地看到效果。对于高校来说，往往追求的是本校的教育水平及科研水平，将主要精力集中在购买设备、扩充教学师资力量等方面，而对于校园中的法治文化建设，投入的精力与前者相比差距较大，很多高校将法治文化建设并入思想政治教学之中，挤占原有的教学资源，没有对法治文化建设专门化，应当配套的各种活动也未落实到位。在我国目前高校的法治教育体系中，尤其是对于那些非法学类专业的学生来说，基本上没有法治实践教育课程，教学内容也缺乏新意，导致学生对于法律知识的学习无法产生有效的认知兴趣。

现阶段，在我国高校法治文化的教学实践中，法治教育没有独立的学科地位，通常学校为了省省资源，将其纳入德治教育体系中①。法治教育确实和道德教育紧密联系。但是如果在教学过程当中，把法治教育等同于思想政治教育，还是欠妥的。我国坚持依法治国和以德治国相结合，法律和道德是相互补充的。道德必须以遵守法律法规为基础。高校学生只有了解了最基本的道德——法律，了解法律中的自由、平等、秩序等多种价值观，才能更好地提升道德水平。

---

① 彭晓娟：《建议将法治教育融入国民教育体系》，《中国社会科学院研究生院学报》，2016 年第 5 期。

（三）制度保障与资源融合缺乏有效对接

当前高校法治文化教育面临着较为复杂的局面。在全球化、信息化的时代，各种社会思潮呈现交流碰撞的新态势，不同的价值观念和多元文化潮流在高校融汇激荡，信息技术的发展也为各种价值观念的传播提供了快捷的载体。青年大学生正处于思想活跃的时期，高校法治文化教育越发显得迫切。

高校法治文化教育的重要内容是强化制度建设，以法治的基本要求重新审视大学章程和各项规章制度，并在学校改革发展的各项举措中突出体现社会主义法治的精神和要求从实际发展情况来看，高校注重法治教育的校园文化宣传和方式创新，但在将法治文化的内容融入学校管理、学生培养、教师评聘等重要制度环节等方面则相对缺乏。不同部门之间的制度衔接也存在关联度不够的情况，宣传部门和学生管理部门等重视程度较高，思想政治教育教师在日常的教学工作中也比较关注法治文化问题，但其他管理部门、科研机构、业务单位等对此重视程度不够，存在形式主义现象，没有形成完整有力的保障体系，法治文化教育主体独立且分散，资源缺乏有效对接。总体而言，没有具体的制度保障，高校法治文化教育的践行，特别是对青年学生的教育就失去了在实践中感知和体悟，进而自觉认同践行的现实载体。

（四）目标规划与实践内容尚待有效落实

高校在法治文化建设的过程中，普遍重视法治对于校园文化的引领作用，尤其是很多高校结合自身传统，考虑学校文理兼顾、科学人文相融合的特点，创新了一批丰富多彩、积极向上的文化品牌项目，为广大师生坚定理想信念、保持良好情操做出了积极贡献。同时，我们也看到，高校法治教育的目标落实还有很多需要提升的空间。一是方式方法较为单一。相当一部分学校将法治教育等同于开展学生社团活动，没有探索具有时代精神、满足新一代青年学生精神诉求、能够直面和回应社会问题的教育方式。二是过分强调法治教育的形式性，满足于传授知识体系式的教育模式，无法做到与时俱进、寓教于乐。三是缺乏长期的目标规划。高校法治文化教育的建设，是一项长期的系统工程，需要系统的制度保障和具体的实践落实。很多学校管理者还没有意识到在价值观念领域博弈较量的艰巨性、长期性和复杂性，没有将法治文化建设作为高等教育的基础性工作贯穿于学校发展的全过程，因此实践效果不容乐观。

（五）法治引领与人文涵养亟待有效深入

法治文化根植于中国特色社会主义法治建设的伟大实践，具有丰富的思想精华和道德精髓。因此，高校法治文化教育必须"以文化人、以文育人"，通过教育引导、舆论宣传、文化熏陶、实践养成、制度保障等，使法治文化内化为人们的精神追求，外化为人们的自觉行动。目前，高校法治文化教育在以人文精神涵养大学生精神世界方面还有很多提升的空间。法治文化的丰富内涵还没有转化为多种多样的人文因素，潜移默化地滋养青年学子的精神家园。尤其值得注意的是，校园文化建设和思想政治教育不能停留在文艺活动、开会学习、橱窗宣传等层面，这样无法触及人的思想和灵魂，不会吸引新一代的大学生。高校法治文化建设，必须创新理念、贴近生活，运用各类形式，融入社会生活，形成有利于培育和弘扬法治文化的生活情景和社会氛围，使法治的影响像空气一样无所不在、无时不有。

第二节　新时期推进高校法治文化建设的价值意蕴与系统要求

在全面推进依法治国的社会背景下，法治文化与高等教育具有内在的关联性。2014 年，习近平总书记在中央政治局第十三次集体学习时强调，要用法律来推动核心价值观建设，要求注重在日常管理中体现价值导向，使符合核心价值观的行为得到鼓励、违背核心价值观的行为受到制约。2016 年，中共中央办公厅、国务院办公厅印发了《关于进一步把社会主义核心价值观融入法治建设的指导意见》，强调要以法治体现理想精神和道德情操，强化法律对道德建设的促进作用，推动社会主义核心价值观更加深入人心。总体而言，法治作为人们行为的规范评价模式，在大学校园文化建设中居于基础地位。法治既是社会主义核心价值观的基本要素，又是高校文化建设的实现载体与实践保障。

一、新时期推进高校法治文化建设的价值意蕴

（一）法治文化有利于明确高校思想政治教育的规范标准

法治之所以有利于明确高校思想政治教育的规范标准，与高校核心价值观建设遭遇现代性困境有关。改革开放四十多年来，我国经济社会发展取得了巨大进步，完成了西方国家上百年才走完的历程。与此同时，中国社会也经历了人类历史上前所未有的快速社会转型。传统与现代相互交织，各种利益冲突不断凸显，社会阶层的分化也日益明显。在这种社会背景下，各种社会思潮、多元文化观念不断碰撞、冲突与融合，加之全球化时代信息技术的快速发展，网络虚拟世界呈现出更多的反传统、反权威、多主体特征。所有这一切都给高校大学生的价值观念形成了较大的冲击。高校学子作为社会发展的接班人，他们的价值观念塑造、道德水平提升已不仅仅属于高等教育范畴，而是一个关乎整个社会发展的全局性问题。在传统价值观的解构与断裂、多元文化社会思潮的挑战与挤压、信任危机的滋生与扩散的形势下，法治在国家层面可以约束权力的任意行使，在社会层面可以对社会发展起着规范引领作用；对个体而言，法治能够为公民参与社会活动提供价值规范和评判标准。因此，以法治来明确高校思想政治教育建设的规范标准，以法治的力量推进道德建设，提升高校

思想政治教育水平，核心价值观建设才有明确的制度标准和刚性约束，才能增强大学生培育和践行社会主义核心价值观的自觉性。

（二）法治文化有利于促进高校社会主义核心价值观建设的实践落实

法治作为社会主义核心价值观的重要组成部分，实际上也是高校社会主义核心价值观教育的一种实践取向和制度保障。运用法律法规、公共政策、典型案例向青年大学生传导正确价值取向，切实发挥法治的规范和保障作用，可以促进核心价值观由"软性要求"向"硬性规范"转变，有利于推动社会主义核心价值观在大学生群体中内化于心、外化于行。从价值观念塑造的角度来看，人们内心道德感具有天然的脆弱性，需要外在的制度和规则给予支撑和保障；反之，外部的社会规则也需要道德观念的固本培元。"敬重制度、规则是现代公民的一种德性和品格，在现代法治社会中，核心价值观作为一种道德自律和文明自觉，它所倡导和建构的公民品格的重心已由个人的本体道德转移到经济生活和社会公共生活中的规则制度上来。"① 由此可见，通过法治明确社会主体的权利义务，增强社会主义核心价值观实践的现实基础，既有利于青年学生进一步明晰核心价值观的实践要求，推动高校社会主义核心价值观建设的制度化、实践化、常态化，也有利于经由外部的行为规范促进社会主义核心价值观入脑入心，增强大学生对社会主义核心价值观的认同。

（三）法治文化有利于引导高校大学生价值观发展的道德取向

习近平指出："法律是成文的道德，道德是内心的法律，两者都是治国理政的重要手段。法律和道德都具有规范社会行为、

---

① 王贤卿：《努力把社会主义核心价值观融入法治建设》，《求是》，2017 年第 7 期。

调节社会关系、维护社会秩序的作用，在国家治理中都有其地位和功能。法安天下，德润人心。法律有效实施有赖于道德支持，道德践行也离不开法律约束。法治和德治不可分离、不可偏废，国家治理需要法律和道德协同发力。"① 法律作为社会行为的规范体系，以权利义务和责任的方式明确了在当下社会人们行为的范围及其尺度。法律是成文的道德，道德是内心的法律，法律规范本身必然内含着道德判断，体现着价值取向。从科学立法、严格执法、公正司法到全民守法，法律体现着对于社会正义、先进道德的弘扬，以及对于不法行为、不良道德的遏制和惩罚。法治不仅能更好地守护公平正义、弘扬美德善行，而且能促使人们趋善避恶、扬善弃恶。因此，通过在高校中进行法治宣传和法治教育，尤其是以生活中的法律案例现身说法，使符合社会主义核心价值观的行为得到鼓励、违背社会主义核心价值观的行为受到制约，可以把高校德育建设的教育引导、舆论宣传、典型示范、实践养成等道德教化的各种具体方式加以制度化、规范化，引导高校大学生价值观发展的道德取向，真正使高校育人功能具备明确的现实载体和实践基础。

二、新时期高校法治文化建设的系统要求

在新的社会形势下，高校作为培育和传播社会主义核心价值观的主阵地，需要不断创新方式方法，以青年学生的思想需求为导向，以法治思维、法治方式、法治文化进行制度创新、实践落实和有效引导，使法治文化真正融入高等教育全过程，最终形成有利于弘扬社会主义核心价值观的社会环境，为立德树人提供价值引导力、文化凝聚力和精神推动力。

---

① 《习近平谈治国理政（第二卷）》，外文出版社，2017 年，第 133 页。

（一）以法治思维保障高校法治文化建设的常态化

前文已述，高校法治文化建设必须加强制度保障，实现从思想政治教育、舆论宣传、课堂学习到制度实践的转变，使法治文化的不同内容融入高校管理、学生生活、校园文化等领域。任何价值观念都必须依托一定的制度基础才能切实发挥思想引领、凝聚共识、价值认同的效能。高校法治文化建设要想得到广泛认同，保持稳定性、连续性和持久性，就必须以法治思维推进制度建设，使学校的教育理念、管理制度、管理方式、各种方针政策都体现法治文化的丰富内涵、精神实质和实践要求，在法治框架内推进高校育人体系的规范化，努力将现代法治文化的要求转化为可操作化的制度规范，使法治文化贯穿于教书育人的每个环节。例如，可以通过组织修订教授治学规则、学生管理守则，突出遵纪守法内容，注重规则意识培育，倡导契约精神，弘扬公序良俗，引导大学生自觉遵守学校规则，履行法定义务和社会责任。再如，以法治思维提升学校管理制度的价值导向，通过校规校纪，鲜明地表明支持什么、鼓励什么、反对什么、禁止什么，规范人们的行为，引领人们的价值取向。又如，通过推进学生诚信档案制度建设，在日常学习生活中征集使用信用信息，加大对失信行为的遏制力度，促进形成守信光荣、失信可耻的校园文化。总而言之，通过建立体现法治的制度体系，以法治思维保障高校法治文化建设的常态化、稳定性、执行力和约束力，才能形成高校法治文化建设培育和践行的长效机制。

（二）以法治方式推进高校法治文化建设的实践落实

高校法治文化建设本质上是实践的，其根本生命力在于其实践性。法治文化既包括价值观念，也包括价值实践，是二者的有机统一体。价值观念的这一特征决定了高校培育与践行法治文化的根本途径在于价值实践。中共中央《关于进一步把社会主义核心价值观融入法治建设的指导意见》指出，坚持以社会主义核心价值观引领法治建设，以法治思维、法治手段推进社会主义核心价值观培育践行，既重视发挥社会主义核心价值观的教化作用，又重视法治建设的规范作用，通过将社会主义核心价值观贯彻到全面推进依法治国的法治实践中，贯彻到科学立法、严格执法、公正司法、全民守法等法治建设的各个环节中，实现社会主义核心价值观对法治建设的多维融入与相互支撑。这意味着，高校的文化建设必然建立在法治基础上，以良法善治提升工作的有效性。其中尤为重要的是，要以社会主义核心价值观为引领，以法治思维和法治方式为基本原则，建构民主、法治、公平、和谐的高校治理体系。把培育和践行社会主义核心价值观的相关要求上升为良好的制度规则，做到民主治理、规则先行，实现制度完善和改革决策相衔接，做到重大改革依法公开、依法决策，师生员工民主参与，责权利相一致，不断提升高校治理法治化水平。从实践来看，这一点是极为必要的。

同时，还应该坚持以法治方式推动法治文化的实践融入，以感性认知增强价值认同。"内化于心、外化于行"是文化建设的重要目标，从顶层设计、政策安排到制度规范，都需要法治化的价值认同路径创新。从实践角度来看，当前高校法治文化建设尚面临诸多困难，来自于意识形态、社会转型和文化继承等方面的因素给社会主义核心价值观的建设发展带来了各种挑战。因此，以丰富生动的实践推进法治文化的价值认同显得尤为重要。另外，在注重主体需要、突出校园特色的同时，也应创新载体形式；运用网络平台等新媒体形式增强大学生对法治文化的感性认识，从青年学生对法治文化的日常生活实践接触、对法治建设的点滴生活感知开始，坚持贯穿结合融入、落细落小落实的实践养成方法。

（三）以法治文化促进高校社会主义核心价值观建设的自觉践行

高校法治文化建设需要制度规范和教育引导，同时也离不开文化涵养和文化引领。而社会主义法治文化在促进高校社会主义核心价值观建设的自觉践行方面，具有不可替代的重要作用。法律是成文的道德，道德是内心的法律。我国所倡导的法治文化是包含着自由、平等、民主、正义、和谐、秩序等多方面丰富价值的，具有强烈价值取向特色的价值观念。这些价值观念又被社会主义核心价值观所内含。富强、民主、文明、和谐是社会主义法治文化的总体目标，自由、平等、公正、法治是社会主义法治文化的核心精神，爱国、敬业、诚信、友善是培养社会主义法治文化的源头活水。因此，践行社会主义核心价值观是社会主义法治文化的应有之义。从实践来看，近年来各个高校在社会主义核心价值观建设中，通过以案说法、提供网络信息平台方便学生法律咨询、在公共场所修建法律文化墙开展法律文化熏陶、组织法律援助活动等文化活动，以可视性、体验性、互动性方式推动社会主义核心价值观与法治文化进课堂、进教材、进头脑，引导学生了解社会主义核心价值观、法治文化融合发展的要义，帮助学生将其内化为自己的主观需要，转化为行动指南，起到了很好的效果。在学校法治文化的宣传教育中，还应注意充分发挥师德风尚的引领示范作用。师德是学校教育的灵魂，教师的师德师风对学生有着潜移默化的影响。教师在实践中坚持践行社会主义核心价值观，坚持用法治思维和法治方式处理教育事务，对于学生主动参与精神的养成、对于学生自觉精神的塑造均具有不可忽视的作用。这就需要教师在教育过程中坚定理想信念，坚守职业道德，发挥优良传统，坚持为人师表，通过自身教学工作中将社会主义核心价值观与法治文化融合的具体实践，引导学生接受认同社会主义核心价值观，增强行为自觉性。

（四）以实践融入推进高校法治文化建设的价值认同

高校法治文化建设本质上是实践的，其根本生命力在于其实践性。价值观念的这一特征决定了培育与践行高校法治文化的根本途径在于促进大学生群体的价值认同。

"认同"是心理学、社会学中的重要概念。"在社会层面上，认同是指社会共同体成员对一定信仰和情感的共有和分享，它是维系社会共同体的内在凝聚力。"① 价值认同是指在社会实践中，价值主体通过持续的对话与互动，不断调整自身已有的价值结构来适应社会共同的价值要求的过程，显示出价值主体对社会共同的价值要求的自觉接受与遵循的一种状态②。换言之，价值认同实际意味着价值观念的内化，是人们在对价值观念理解判断、选择整合基础上对于价值观念的承认与认可，达到认识上的一致性。

在高校法治文化建设过程中，价值认同是实现法治文化的引领作用、保障法治文化建设顺利进行的基础。"价值认同使人们清楚地认识到'我是谁'和'为了谁'，即不仅感受到自己是其所是，并按其所是去行动与生活，从而在共同价值取向和价值目标的基础上形成整个国家和全民族认同的共同理想，这是一种巨大的引领力。"③ 而在法治文化建设过程中，有研究已充分证明，"公民业已建立的法律认同感和信任感是法治建设深入发展的基础和动力"。而"公民的法律认同感与信任感的建立，并不是一个单向、封闭的系统，要受到社会、心理、道德等多方面因素的

① 汪信砚：《全球化中的价值认同与价值观冲突》，《哲学研究》，2002 年第 11 期。
② 方爱东：《社会主义核心价值观研究》，中国科学技术大学出版社，2013 年，第 230 页。
③ 方爱东：《社会主义核心价值观研究》，中国科学技术大学出版社，2013 年，第 230 页。

影响"①。推进高校法治文化建设，必须进一步促成大学生群体建立法律认同感与信任感。

价值认同不仅是实现法治文化的引领作用、保障法治建设顺利进行的基础，同时也是推进高校法治文化建设的重要环节。高校法治文化建设的实践，需要经历从理论到实践的复杂过程。在这一过程中，实现法治文化建设"内化于心、外化于行"的目标，需要经历认知、认同和践行三个基本环节②。这是一个从客观形态到心理意识、从价值评判到行为自觉的过程。认知是法治文化建设的首要环节，主要解决"知其所是"的问题，即要深刻理解法治文化建设的基本内涵、原则目标等内容。认同是对认识信息的吸收与内化过程，是从感性认知上升到理性认识，形成对法治文化建设的知识自觉接受、自愿遵从的态度的过程。践行是已经得到认同的法治建设态度与观念的外化，是将法治的要求落实到个人日常生活之中，真正将法治的要求转化为现实。从认知到认同再到践行，是法治文化建设过程展开的基本形态，而价值认同无疑是其中承上启下的环节，其地位与作用不言自明。

在高校法治文化建设的过程中，一方面，应注重主体需求，体现校园特色。高校法治文化建设及其蕴藏其中的价值认同，总是与特定主体紧密关联。这就要求我们在通过实践推进高校法治文化建设的过程中，切实从高校大学生群体的需求实际出发展开实践，而不能不顾实际主观臆想盲目行为。以往经验证明，注重主体需求、体现特色的法治文化建设，往往是最能够使人们产生认同感、提高接受度的实践方式。如上海某高校在推进法治文化建设过程中明确提出，把法治文化建设与弘扬"公正、包容、责

---

① 公丕祥：《社会主义核心价值观研究丛书·法治篇》，江苏人民出版社，2015年，第310页。

② 双传学：《社会主义核心价值观研究丛书·实践篇》，江苏人民出版社，2015年，第33页。

任、诚信"的校园文化相融合，使法治文化的不同内容融入高校管理、学生生活、校园文化等领域，这种做法对于推进高校法治文化的价值认同颇有裨益。

另一方面，以实践融入推进高校法治文化建设的价值认同还应注重载体创新，丰富实践形式，落细落小落实。"落细落小落实"体现价值观建设的实际需要。法治观念和思维的形成，不是一朝一夕，需要青年学生从生活中小处着手，落实思想作风，落实各项行动。具体而言，所谓"落细"即是要细化，要将法治文化的原则、理念、要求细化到日常生活之中，与日常生活的具体情境结合在一起，从细处见精神，从微处显观念，从而将法治价值观植入人们的头脑，沉淀于人们的内心。所谓"落小"，就是要从小事做起，从个体做起。要坚持积小善为大德，从身边小事做起，从个体寻榜样，努力在小事上践行社会主义核心价值观，从而引导校园文化。所谓"落实"就是要见成效，要从具体行动和实践中培育践行高校法治文化，不走过场，摒除形式主义，讲求实际效果。另外，在互联网时代，充分利用网络载体，推进高校法治文化建设的价值认同，也值得借鉴。如南京某高校积极探索互联网传播载体，运用网络平台、自媒体方式在校园传播法治价值观，创新了新媒体的传播载体，适应年轻人的接受心理和接受方式，使法治文化能更好地传播。

（五）以感性认知增强高校法治文化建设的实践认同

以丰富的实践形式推进高校法治文化建设的实践认同，其目的在于实现个体或组织观念上对某一或某类价值的认可和共享，形成共同的价值观念，进而在价值观念的基础上实现对价值规范的自觉接受、自愿遵从。主体认知的对象是信息，价值信息经由主体自觉的加工，产生表象、知觉、想象、思维、记忆等活动，再转化为相应的理论贮存在人脑中，这就是认知的逻辑过程。这其中既包括感性认知，也包括理性认知。感性认知是人的一种直觉活动，它是在对信息直接把握基础上，形成的对事物的直接认识。理性认知相较于感性认知，更趋向于事物的本质，是在对事物感性认知基础上，对事物属性的全面了解和把握。高校法治文化建设的实践认同，无疑首先要从感性认知开始，然后进入理性认知，进而经由价值整合，实现价值认同。

感性认知作为价值认同的起始环节，其重要性毋庸多言。当然，这里对于感性认知的强调，并不是要忽略和无视理性认知在高校法治文化建设中的作用，而只是从社会认知心理的角度强调高校法治文化建设过程中感性认知的重要意义。换言之，高校法治文化建设的实践展开，必须首先从增强主体的感性认知开始，这就需要避免那种"灌输式"的强制理论教育方式，遵循认知的基本逻辑，引导社会主体采取主动的选择性认知，在大学生喜闻乐见的实践形式中潜移默化地建立其对于法治文化的实践认同。

强化感性认知以增强高校法治文化建设的实践认同，应注意以下几个方面：

第一，注重高校法治文化内容表述的简明性。在高校法治文化宣传教育中尽可能重点解决两个问题：一是确保高校法治文化的内容表述简单好记、简明易懂，符合高校学生的文化知识水平，避免政治术语、学术概念的生搬硬套。二是讲清高校法治文化的自身魅力所在，讲明其对于普通生活的实际功用，吸引高校学生主动选择和接受，这对增强高校学生对于法治文化的了解与熟悉无疑是有益的。事实上，我国社会主义法治的发展，本身也是不断凝练的结果。2014年党中央明确提出了建设社会主义法治国家的目标，此后先后在人民网、《光明日报》等媒体开设法治建设的专栏，汇集了进一步凝练法治建设的诸多理论意见。今天的法治建设的新十六字方针就是在这些讨论的基础上形成的，其表述言简意赅、朗朗上口，突出了易读、易背、易写、内容亲民的特点。在高校法治文化建设的实践认同方面，相关理论的表述与宣传也应尽量朝向简明、生活化的方向处理，注重高校青年学子的接受习惯和特征。

第二，增强高校法治文化建设融合校园实践的生活化、情感化。从感性认知的角度出发，高校法治文化建设的实践认同发生于具体的、生活化的实践之中，而不是存在于空洞的理论灌输与说教之中。这就需要在推进高校法治文化建设的实践中，注重高校校园文化的具体场景，提高法治文化建设与大学生生活的关联度，实现二者融合的生活化，激发大学生对法治文化的亲密情感。情感不仅影响了各种各样的具体判断，而且也影响了总的认知过程。基于生活化而建立的亲密情感，将有助于加快认知加工，形成社会图式。

第三，增强高校法治文化建设的实效性、获得感。马克思说过，人们奋斗所争取的一切，都同他们的利益有关。高校法治文化建设，其最终目的也是帮助高校大学生树立正确的世界观、人生观和价值观。高校法治文化建设能不能得到青年学生群体的广泛价值认同，与其为大学生带来的实效与获得感紧密相关。譬如，以法治文化为指导，通过组织修订教授治学规则、学生管理守则，突出遵纪守法内容，注重规则意识培育，倡导契约精神，弘扬公序良俗，引导大学生自觉遵守学校规则，履行法定义务和社会责任。这些实践也证明，当高校法治文化建设解决了实实在在的问题、有助于大学生成长时，青年学生对于法治文化的认同会大幅度提高，校园文明的水平也不断提升。这证明了强化实效性、增强获得感对于高校法治文化建设的重要性。

第三节　新时期高校法治文化建设的目标指向与运作机理

一、新时期高校法治文化建设的目标指向

（一）助推高校治理体系与治理能力现代化

中国政府和学者率先提出"国家治理现代化"范畴，因而需要从当代中国的现实国情出发并结合时代变化发展的特征去挖掘社会资源，汇聚多元能量，为推进国家治理现代化目标的实现提供动力、支撑和保障①。国家治理体系与治理能力现代化，就是要适应时代变化，改革不适应社会发展要求的规章制度、体制机制，不断构建新的体制机制、法律法规，实现党、国家和社会各项事务治理的制度化、规范化、程序化。在实质上，高校治理体系与治理能力现代化是一个高校的制度及其执行能力的集中体现。实现高校治理体系和治理能力现代化的重要目标之一就是推动高校管理制度的成熟化和定型化，为党和国家事业的发展、人民幸福安康、社会和谐稳定提供一整套完备、稳定、实用的制度体系。而制度体系是否完备、稳定、实用，关键看能否坚持以人民为主体，能否坚持从中国国情出发，能否坚持党的领导下全面推进依法治国，能否培育和践行好社会主义核心价值观，能否实现依法治国和以德治国的融合发展。

随着中国特色社会主义法律体系的逐步形成和社会主义法治建设的不断推进，我国已大致构建起了相对科学、规范的制度体系。不断推进的法治建设使国人意识到依法、民主地参与治理国家和社会是人民群众的重要权利。全面依法治国背景下，国家治

---

① 段立国：《国家治理现代化与社会主义核心价值观的内在关联》，《湖北社会科学》，2015 年第 4 期。

理已经从一个由政府全面操纵的全能型管理模式转变为政府领导下的市场和社会积极参与的治理模式。在此意义上，依法治国实质上就是用法治的思维和法治的方式治国理政，把法治理念、法治精神、法治原则和法治方法贯穿到政治、经济、社会、文化、生态及治党治军等各个方面，使国家治理现代化不仅仅停留在价值层面，而是随着依法治国进程落实于中国特色社会主义伟大实践。只有达到国家治理体系的法治化，才能最大限度地凝聚社会共识，增强国家治理的合力，形成上下协同、多元治理的国家治理模式。在确切的意义上，对依法治国探索的内在逻辑也就是探索国家治理现代化的演进过程①。

高校治理制度体系的健全和完善也需要高校法治文化建设的支撑，否则治理体系就形同虚设。当前，高校的治理制度体系及校园道德现状不容乐观。随着全面深化改革的不断推进，市场力量、权力和资本嵌入新的社会结构中，引起了社会关系结构的剧烈重组，以地缘、业缘和血缘等为基础的法律道德约束不断弱化和虚化。这种不断瓦解的道德基础和不断变化的社会环境，使得社会成员出现了不同程度的紧张感和焦虑感，有的人甚至通过宗教等方法来克服内心的紧张和焦虑，寻求精神的支撑②。推进高校治理体系与治理能力现代化，必须实现其和高校法治文化建设的融合发展，重塑道德和法律的结构性力量，深入实施法治建设和公民道德建设，加强社会公德、职业道德、家庭美德、个人品德建设，强化法治规则意识，倡导契约精神，弘扬公序良俗，引导人们自觉履行法定义务、社会责任、家庭责任。高校治理和法治文化建设的融合发展，不仅体现在高校规章制度的制定要体现

---

① 王建国，张林林：《成就与经验：改革开放以来中国共产党对依法治国的探索——以国家治理现代化为分析视角》，《中共南京市委党校学报》，2015 年第 2 期。

② 王憧棋：《在党的领导下全面依法治国》，《唯实》，2015 年第 2 期。

法治的要求，高校各种制度的实施也应以法治文化为指引，从国家、社会、个人等层面形成深入人心的核心价值观，真正实现"良法"与"善治"并存的局面，为高校治理制度体系的建立奠定坚实的价值基础①。说到底，法律是成文的道德，道德是内心的法律，两者都是实现治理体系和治理能力现代化的重要手段。

新时期高校法治文化建设，是助推高校治理体系与治理能力现代化的重要保障。两者的有机融合不仅仅是高校全面深化改革"阶段性"的目标，更是触动国家治理结构变迁、关涉当代中国核心价值观塑造、关乎国家未来发展的"长远性"的国家治理方略②。作为理论工作者，我们要加强对高校治理与法治文化的融合发展理论研究，既要注重对本质、内涵、特点、规律等基础性理论的研究，更要重视结合现实加强对两者内在逻辑关联的理论性阐释，从而为推动两者的有机融合提供理论支撑，为助推高校治理现代化做出理论贡献。

（二）增强新时期社会主义文化自信

2012 年党的十八大报告提出了"三个统一"和"三个自信"。"三个统一"，即中国特色社会主义道路、中国特色社会主义理论体系和中国特色社会主义制度，三者统一于中国特色社会主义伟大实践，这是中国共产党领导中国人民建设社会主义过程中形成的最鲜明的特色。"三个自信"，即坚定中国特色社会主义的"道路自信""理论自信""制度自信"。"三个统一"和"三个自信"的提出，是对中国特色社会主义本质认识的进一步发展和深化，体现了党对领导中国特色社会主义事业的执政自信。在2016 年 6 月中央政治局第 33 次集体学习会上，习近平总书记提

---

① 王懂棋：《在党的领导下全面依法治国》，《唯实》，2015 年第 2 期。
② 段立国：《国家治理现代化与社会主义核心价值观的内在关联》，《湖北社会科学》，2015 年第 4 期。

出了"文化自信"问题，将其与"三个自信"并列。之后在庆祝中国共产党成立 95 周年大会的讲话中，习近平总书记深刻地论述了"四个自信"的内涵及其关系。有学者主张，"四个自信"作为中国特色社会主义的"自信"谱系和信念体系，是一个相互联系、相互作用、相辅相成的有机统一整体，具有特定的内涵和明确的主题。笔者赞同这个主张，并强调"四个自信"是以习近平总书记为核心的中央领导集体治国理政新理念新思想新战略的最新成果，是中国特色社会主义理论体系的重大创新，对丰富和发展马克思主义、推进中国特色社会主义理论体系建设必将产生重大而深远的影响。

要理解"四个自信"的内涵，首先要弄清什么是"自信"。所谓自信，"就是一种积极健康的心理状态，一种促成目标达成、理想实现、梦想成真的精神力量，相信自己的力量一往无前，不惧任何困难的意志和信念"①。自信心对一个民族和国家而言是非常重要的，一个拥有坚定自信的民族，才能获得直面挑战、战胜风险、自立自强、超越自我的强大内在力量，并以此激发起强大的社会正能量，进而推动"两个一百年"奋斗目标、中华民族伟大复兴中国梦的早日实现。

那么，什么是"四个自信"呢？所谓"道路自信"，就是对中国特色社会主义道路的自信，相信中国特色社会主义道路是一条成功之路、强国之路和富民之路。所谓"理论自信"，是对中国特色社会主义理论体系的自信，相信中国特色社会主义理论体系具有科学性，相信它是指导中国社会主义建设的行动指南。所谓"制度自信"，是对中国特色社会主义制度的自信，相信中国特色社会主义制度在现代化建设进程中具有无比优越性，是当代

---

① 何坦：《正确理解和把握中国特色社会主义"四个自信"》，《中共四川省委党校学报》，2017 年第 1 期。

中国发展进步的根本制度保障。所谓"文化自信",是指对民族国家文化所拥有的自信心和自豪感,是对中华文化演进的内在指向、文明发展的历史逻辑的深刻认识和坚定信念,是一个民族成熟进步的标志①。习近平同志在庆祝中国共产党成立 95 周年大会上指出:"文化自信,是更基础、更广泛、更深厚的自信。在 5000 多年文明发展中孕育的中华优秀传统文化,在党和人民伟大斗争中孕育的革命文化和社会主义先进文化,积淀着中华民族最深层的精神追求,代表着中华民族独特的精神标识。"②

"四个自信"的所有内涵都共同指向了一个主题,这就是"中国特色社会主义"。无论是道路自信、理论自信、制度自信,还是文化自信,都是依附于中国特色社会主义这一主题,即对中国特色社会主义的道路自信、理论自信、制度自信、文化自信,归根结底都是对中国特色社会主义的自信。强调"四个自信"的主题,其意义在于防止脱离中国特色社会主义来谈论"四个自信"而陷入误区、陷于谬误③。

坚持和发展中国特色社会主义是新形势下治国理政的核心主题。2014 年 9 月刘云山同志在培育和践行社会主义核心价值观工作经验交流会上指出,价值观自信是保持民族精神独立性的重要支撑,自信才有执着的坚守和自觉的践行。我们的价值观自信来自于:(1)马克思主义的正确指引;(2)中华优秀传统文化的丰厚滋养;(3)中国特色社会主义的成功实践;(4)对人类文明优秀成果的吸收借鉴。高校校园文化建设要始终高扬社会主义旗

---

① 何坦:《正确理解和把握中国特色社会主义"四个自信"》,《中共四川省委党校学报》,2017 年第 1 期。

② 习近平:《在庆祝中国共产党成立 95 周年大会上的讲话》,《人民日报》,2016 年 7 月 2 日。

③ 邱乘光:《"四个自信":中国特色社会主义的自信——学习习近平总书记"七一"重要讲话》,《中共青岛市委党校青岛行政学院学报》,2016 年第 5 期。

帜，充分展现社会主义核心价值观的道义力量、真理力量，强化社会主义核心价值观的导向作用、引领作用，更好地凝聚实现中国梦的强大力量①。依法治国是党领导人民治理国家的基本方略，是关系我们党和国家长治久安的重大战略问题。中国特色社会主义法治道路在本质上是中国特色社会主义道路在法治领域的具体体现。该道路是党领导人民在治国理政的过程中，积累经验、总结教训，经过长期探索后的必然选择，是建设社会主义法治国家的唯一正确道路。因此，在坚持和拓展中国特色社会主义法治道路这个根本问题上，我们要坚定道路自信。

以法治文化为例。加强高校法治文化建设，建设社会主义法治文化，有助于推进"四个自信"建设。法治文化是一个国家长期积淀形成的价值观念和评判标准，是法治社会的精神要素和文化土壤，对法治建设起着无可替代的支撑作用。建设社会主义法治文化，是践行社会主义核心价值观和全面推进依法治国的重要举措，是一个既具有时代性又具有深远历史意义的课题。让法治内化于心、外化于行，成为既体现人类进步又彰显中国特色的一种信仰、一种文化，树立更基础、更广泛、更深厚的文化自信②。

（三）促进高校大学生的全面发展

任何社会都有其基本的价值取向和法治模式，它们是对人的特定发展阶段的一种价值和意义描述。在《1857—1858 年经济学手稿》中，马克思的"三大社会形态"理论对于我们准确把握人的发展阶段具有重要意义。在马克思看来，人的发展经历"人的依赖关系"—"物的依赖关系"—"人的全面发展"三大历史阶段，这一发展过程是人的主体性不断提升、人的自由发展渐次

---

① 刘云山：《价值观自信是保持民族精神独立性的重要支撑》，《人民日报》，2014 年 9 月 14 日。

② 翟国强：《坚持四个自信 探索依法治国的中国方案》，《经济参考报》，2016 年 7 月 12 日。

飞跃的进程①。在后来的《资本论》中，马克思进一步深化了人的发展阶段理论，并把《1857—1858 年经济学手稿》提出的"人的依赖关系"概括为"直接的社会关系"，把"物的依赖关系"表述为"人们之间的物的关系和物之间的社会关系"即"物化的社会关系"，把"个人的全面发展"替代为"自由人的联合体"②。人的自由全面发展是马克思对未来人存在的一种理想状态。马克思终其一生都在追求人的真正解放和自由发展，事实上，早在《共产党宣言》中，他就指出了这个问题。在第二章"无产者和共产党人"中，马克思指出："代替那存在着阶级和阶级对立的资产阶级旧社会的，将是这样一个联合体，在那里，每个人的自由发展是一切人的自由发展的条件。"③ 其中，"每个人的自由发展是一切人的自由发展的条件"体现了马克思主义的最高价值目标，即为了一切人的自由发展，是全人类的共同目标，也是社会发展的最终结果④。

　　人的自由全面发展是高校法治文化建设的重要目标和价值旨归。高校法治文化建设的重要目标是坚持以人为本，尊重人民群众的主体地位，关注人们利益诉求和价值愿望，促进人的全面发展。这同《共产党宣言》《资本论》及其手稿所阐述和追求的"每个人的自由发展是一切人的自由发展的条件"是一致的⑤。人的自由全面发展需要一定的客观条件，国家要为人的自由全面

---

　　① 荣光汉：《社会主义核心价值观与人的全面发展》，《思想政治教育研究》，2016 年第 5 期。

　　② 荣光汉：《社会主义核心价值观与人的全面发展》，《思想政治教育研究》，2016 年第 5 期。

　　③ 《马克思恩格斯文集（第 2 卷）》，人民出版社，2009 年，第 53 页。

　　④ 凌加英：《从人的全面发展角度谈社会主义核心价值观的培育与践行——再读〈共产党宣言〉的启示》，《重庆工商大学学报》（社会科学版），2016 年第 1 期。

　　⑤ 凌加英：《从人的全面发展角度谈社会主义核心价值观的培育与践行——再读〈共产党宣言〉的启示》，《重庆工商大学学报》（社会科学版），2016 年第 1 期。

发展提供物质基础和社会环境，使人们可以用来充分地提高自己的才智。当前中国的市场化变革使人的发展呈现出三大阶段相互交织的特点，呈现出深层价值危机，突出表现为"物的依赖关系"所带来的物化倾向和"人的依赖关系"重构所带来的价值断裂等问题。因此现阶段，我国各族人民的目标和理想，就是在中国共产党领导下，坚持走中国特色社会主义道路，实现社会主义现代化和实现中华民族的伟大复兴；解放生产力、发展生产力，消灭剥削、消除两极分化，最终达到共同富裕；实现民主法治、公平正义、诚信友爱、充满活力、安定有序、人与自然和谐相处，为人的自由全面发展创造条件。

当前对高校法治文化建设的要求是新形势下对社会发展的新审视和新要求的表达，是对人的自由全面发展的时代性反思。高校法治文化建设要正确审视当前人的发展所面临的突出问题，重塑价值和法治体系，对当前市场化"物的依赖关系"做出价值调整，对"人的依赖关系"进行法律反思与重构，通过各种宣传工具如报纸杂志、电台开辟法治文化建设专栏来阐释两者的融合发展，使广大青年学生更易于接受并内化为自己的意识，进而外化为自己的行为，用实际行动来推进高校法治文化建设。

二、新时期高校法治文化建设的运作机理

运作机理是指影响人类社会活动的因素之结构、功能及相互关系，以及这些因素产生影响、发挥功能的作用过程和作用原理。为了保证社会各项工作的目标和任务真正实现，在遵循基本原则的前提下，建立一套协调、灵活、高效的运行机制，是十分有必要的。进入 21 世纪以来，新时期高校法治文化建设也要遵循一定的运作机理。

（一）以顶层设计加强战略引导

全面建成小康社会和中国梦的实现，不仅需要强化公众对中国特色社会主义理论、道路、制度上的政治共识，也要在复杂多元的社会关系中形成利益共识，使全党和全国人民凝心聚气，心无旁骛地排除阻力，激发潜力，焕发活力①。新时期高校法治文化建设，可以为激发社会活力、规范社会秩序提供有效保障。

"不谋全局者，不足谋一域。"新时期高校法治文化建设需要运用系统论的方法，从全局的角度，对各方面、各层次、各要素进行统筹规划，以集中有效资源，高效快捷地实现目标，这就是"顶层设计"或总体规划。正如习近平同志指出的，改革"要加强宏观思考和顶层设计，更加注重改革的系统性、整体性、协同性"②。二战以后，西方很多国家就是在"顶层设计"理念指导下重新走向复兴，并且至今它仍然是西方国家处理国家事务的重要方法。就我国而言，党的十七届五中全会和国民经济社会发展"十二五"规划中，开始提及"顶层设计"这一概念。党中央强调要"深入研究和确定改革顶层设计和总体规划"。温家宝总理2012年2月在广东考察时明确提出："在经历三十多年改革开放的今天，我们要继续下定决心、鼓足勇气，毫不动摇、永不停顿地把改革开放推向前进，特别是要有针对性地做好改革开放的长期规划设计，继续大胆地试、大胆地闯。"③ 这种顶层设计在当代改革中的应用，包含改革指导思想和方针的顶层设计、改革内容的顶层设计和改革路径的顶层设计，强调从党和国家全局出发，提高改革者的宏观决策能力，增强掌控全局的改革能力，坚持统

---

① 顾赞良：《顶层设计开启法治中国建设新航程——访省委党校首席专家、法学教研部杨亚佳教授》，《河北日报》，2014年10月28日。

② 习近平：《习近平谈治国理政》，外文出版社，2014年，第67页。

③ 温家宝：《破解难题要靠改革开放》，《人民日报（海外版）》，2012年2月6日。

筹兼顾、突出重点的工作原则，协调好经济、政治、社会等各环节发展，重在解决牵动全局的主要工作、事关长远的重大问题、关系民生的紧迫任务①。

当然，"顶层设计"不是闭门造车，回顾改革开放40多年的成功，"顶层设计"恰好是呼应了来自基层的强大发展冲动。这个冲动最早来自安徽小岗村的家庭联产承包。小岗村的农民万万没有想到，他们实际参与切实推动了中国新一轮改革发展的"顶层设计"②。因此，"顶层设计"和"群众首创"是辩证统一的，后者也可以称为"底层冲动""地方实践"或"摸着石头过河"。作为一种渐进改革方法，"摸着石头过河"比喻在实践基础上探索事物发展规律，是富有中国特色、符合中国国情的改革方法③。从我国改革的实践来看，经济体制从计划经济向市场经济的转轨，可以说是顶层设计的结果，它包含了下层经验在经济体制改革中一系列创新的做法为最终的顶层设计所做出的贡献。当然，"摸着石头过河"也有缺陷：它需要巨大的时间成本，摸到的石头也有可能指引你往后走等，这就要求新时期高校法治文化建设的顶层设计发挥作用，在自身和地方的实践上进行理论的提炼和突破。

（二）以群众首创深化基层创新

"真正的铜墙铁壁是什么？是群众，是千百万真心实意地拥护革命的群众。这是真正的铜墙铁壁，什么力量也打不破的，完全打不破的。"早在1934年，毛泽东同志就在他的《关心群众生

① 檀江林，武晓妹：《"顶层设计"与群众首创精神的有机耦合——邓小平"南方谈话"对当代中国改革的启示》，《理论导刊》，2012年第9期。
② 章苒，等：《"顶层设计"：在高层次上寻求问题的解决之道——访中央社会主义学院党组书记叶小文》，新华网，2011年3月14日。
③ 竺乾威：《顶层设计与摸着石头过河的关系》，《北京日报》，2013年1月7日。

活，注意工作方法》一文中阐述了人民群众之于革命的重要作
用。他还强调："人民，只有人民，才是创造世界历史的动力。"①
习近平总书记也深刻指出："人民是历史的创造者，群众是真正
的英雄。人民群众是我们力量的源泉。我们深深知道，每个人的
力量是有限的，但只要我们万众一心、众志成城，就没有克服不
了的困难。"② 人民群众始终是我们党的坚实执政基础。全体共产
党员特别是党的领导干部要始终把人民放在心中最高的位置。坚
持人民主体地位，尊重群众首创精神，充分发挥人民群众在创造
历史中的伟大作用，这是我国革命、建设和改革的原动力，是取
之不尽的力量源泉，也是一条宝贵的成功经验③。

　　新时期高校法治文化建设，不仅要做好"顶层设计"，也要
尊重群众的首创精神，实现两者的有机耦合，即群众推动和上层
引领的相互作用不可或缺：自上而下的"顶层设计"掌控改革发
展的方向和整体布局、统筹协调等宏观领域；自下而上的群众首
创精神则是充分发挥人民群众改革的主动性和积极性，充分发掘
群众智慧，并在实践的检验中不断对顶层设计进行优化完善，确
保改革发展目标得以整体实现④。任何顶层设计的实施都需要民
众的参与，新时期高校法治文化建设能否获得成功，最后都要由
建设主体——高校大学生来推动和评估验证。顶层设计并不是要
否定基层民众的改革创新和制度创新。在"摸着石头过河"改革
范式已经成为过去时的今天，很多人认为我们从此也不再需要基
层民众探索性的建议和改革实践，似乎顶层设计可以"毕其功于

　　① 《毛泽东选集（第3卷）》，人民出版社，1991年，第1031页。
　　② 习近平：《习近平谈治国理政》，外文出版社，2014年，第5页。
　　③ 李抒望：《坚持人民主体地位 尊重群众首创精神》，《时代主人》，2013年第
8期。
　　④ 檀江林，武晓妹：《"顶层设计"与群众首创精神的有机耦合——邓小平"南
方谈话"对当代中国改革的启示》，《理论导刊》，2012年第9期。

一役"，可以解决目前改革中遇到的所有问题，这种观点在理论和实践上都是错误的。邓小平在南方谈话中曾经指出，农村的经济体制改革由来已久，改革源于群众的意识觉醒，基层民众的长期实践中的创新性和主动性，不仅是我们改革的创新思维的来源，更是不可忽视的改革原动力。2012 年 3 月温家宝总理在答记者问中也指出："我深知改革的难度，主要是任何一项改革必须有人民的觉醒、人民的支持、人民的积极性和创造精神。"①

　　坚持人民主体地位、尊重群众首创精神是改革开放成功的一条宝贵经验。改革开放 40 多年的实践证明，人民群众是推动改革开放的主体，基层的首创精神是推动改革的原动力。可以说，人们对社会主义实践和认识的每一次突破和进展，无不来自群众的创造和推动。同时，人民群众的实践又是检验我们的路线、方针、政策正确与否的唯一标准。面对十年"文革"造成的危难局面，以邓小平为核心的第二代中央领导集体坚持历史唯物主义，从人民群众的实践中汲取智慧和力量，解放思想、实事求是，以巨大的政治勇气和理论勇气，彻底否定"以阶级斗争为纲"的错误理论和实践，做出把党和国家工作中心转移到经济建设上来、实行改革开放的历史性决策，吹响了建设中国特色社会主义的时代号角。如果没有人民的积极探索和大胆创造，许多改革的实践就不可能产生，许多改革的思想就不可能形成。我们党提出的改革开放、"一国两制"、社会主义现代化建设"三步走"战略、建立社会主义市场经济体制等一系列思想理论观点和重大决策，包括邓小平理论、"三个代表"重要思想、科学发展观、习近平新时代中国特色社会主义思想在内的中国特色社会主义理论体系，都不是凭空产生出来的，都是在总结千百万人民群众实践经验的

---

①　温家宝：《在十一届全国人大五次会议记者会上答中外记者问》，《人民日报》，2012 年 3 月 15 日。

基础上提出来的，凝结着广大人民群众不懈探索实践的智慧和心血。党的十八大报告强调：在新的历史条件下夺取中国特色社会主义新胜利，首要的一条就是必须坚持人民主体地位，尊重群众首创精神。新时期高校法治文化建设更要尊重和突显青年大学生的创新精神和主体地位。

（三）以制度建设构筑贯通平台

"制度是人类文明进步的路径，并且构成人类社会发展的框架，制度的发展也就是社会的发展。"① 制度是人类社会发展成本最小的资源，制度建设每前进一小步，人类文明就会前进一大步。在新时期高校法治文化建设实践中，只有找到体现社会主义基本制度本质规定和符合我国国情的有效实现形式，并通过一系列科学合理的具体政策、法规、制度和措施，正确地调节各方面的社会关系，妥善处理各种社会矛盾，才能使高校发展的目标落到实处，使青年学生在现实生活中理解、认同和接受社会主义核心价值观和社会主义法治文化②。从字面上看，新时期高校法治文化建设，与西方某些社会价值观有某些字面上的雷同，但实质上是迥然不同的，关键就在于其中的社会主义性质。我们的民主当然是社会主义的民主，我们的文明也是社会主义的文明，我们的自由、平等、公正都要由社会主义来界定。也就是说，离开了社会主义存在和制度的基础，有关价值观的各种概念提炼得再漂亮，也最终会落空和流变。

习近平总书记在省部级主要领导干部学习贯彻十八届四中全会精神全面推进依法治国专题研讨班上的论述，深入阐释制度对于全面推进依法治国总目标的重要意义，深刻揭示中国特色社会

---

① 曾小华：《文化、制度与社会变革》，中国经济出版社，2004年，第429页。
② 罗会德：《社会主义核心价值观培育的制度之维》，《山西师大学报》（社会科学版），2014年第2期。

主义法治体系和中国特色社会主义制度之间相互联系、有机统一的关系，为不断推进法治中国建设进一步指明了方向。可以说，"只有扎根本国土壤、汲取充沛养分的制度，才最可靠、也最管用"。党带领人民在改革开放伟大实践中，逐步探索并建立起适应基本国情、符合人民意愿、顺应时代潮流的中国特色社会主义制度。改革开放以来我国经济社会发展取得巨大成就，归根结底在于党领导人民开辟了正确的制度建设道路。

新时期高校法治文化建设不是一朝一夕之功，除了教育法等法律法规确定的法律制度之外，还必须建立一套与之相适应、相配套的制度机制，包括建立健全相应的学习、宣传、教育、监督、评价和示范制度，以制度建设构筑两者双向融合的平台。高等学校要通过健全完善制度，详细规定师生的权利、责任和义务，把法治文化建设情况作为考核评价的重要依据；要健全和落实监督、评价、奖惩机制，加强督促检查。通过综合评价考核，及时发现、总结和推广新鲜经验，探索基本规律，改进方式方法，褒扬一切促进新时期高校法治文化建设的集体和个人，使符合社会主义核心价值观和法治文化的行为得到表扬和鼓励，违背社会主义核心价值观和法治文化的行为受到批评和惩戒。

制度的建立来之不易，制度的完善任重道远。制度建设只有紧紧围绕事业发展的实际不断与时俱进，才能更好发挥其对新时期高校法治文化建设的保障支撑作用。在培育社会主义核心价值观，全面推进高校法治文化的制度建设过程中，要注意以下几个问题：（1）注重制度的整体设计。高校法治文化建设必须遵循文化建设和法治建设形成与发展的基本规律，科学进行制度设计。深入探索校园文化和法治建设融入我国社会主义现代化建设和国民教育全过程的体制要求，建立健全学习、教育、宣传、监督、评价机制，明确各个领域、行业、部门承担的具体职责，提高实效性和可操作性。（2）尊重和发挥人民群众在制度建设中的主体地位。人民群众是制度的创造者和实践者。保障人民群众是制度建设的主体对于制度的有效性是至关重要的。一项制度的设立如果缺少人民群众的参与建设，往往会脱离实际，得不到群众支持，用强制力量建立和维持的制度是难以持久的。在制度建设中，要充分发扬民主，充分发挥人民群众的主动性、积极性和创造性①。（3）考虑制度建设的长期性。不断变革的社会状态需要制度的不断变革与创新，但制度本身包含多种要素，其实施要经过许多具体环节，中间环节的众多和人自身的局限性都会使制度的完善是个长期的渐进过程，任重道远，永无止境②。（4）加强制度的监督体系建设。制度建设不仅包括制度的设计、安排、规范，其重要组成部分还包括如何保证制度的有效实施。再好的制度规范，如果没有被尽可能多的人严格遵守，也就无法达到制定该制度的目的。制度就会处于达不到预期效果的低效状态，甚至是形同虚设的无效状态。

（四）以生活实践达成价值认同

习近平同志在主持中共中央政治局第十三次集体学习时强调，要把培育和弘扬社会主义核心价值观作为凝魂聚气、强基固本的基础工程，要切实把社会主义核心价值观融入社会生活，贯穿于生活的方方面面，把我们所提倡的与人们日常生活紧密联系起来，在落细、落小、落实上下功夫，让人们在实践中感知它、领悟它③。另外，就如何全面深化法治中国建设，为高水平全面建成小康社会提供有力保障这个问题，习近平同志强调最根本的

---

① 乔春霞，张泽一：《加强社会主义核心价值观培育的制度建设问题探讨》，《理论导刊》，2014 年第 12 期。

② 田海舰：《论制度建设与社会主义核心价值观的培育》，《保定学院学报》，2013 年第 4 期。

③ 习近平：《把培育和弘扬社会主义核心价值观作为凝魂聚气强基固本的基础工程》，《人民日报》，2014 年 2 月 26 日。

也在于走群众路线，让法治融入群众日常生活、让法治精神融入群众血脉，要让群众知道法律、尊重法律。这为我们新时期高校法治文化建设指明了方向，也提供了一个新的战略思路：以生产生活实践达成价值认同。

要使高校法治文化建设真正作用于人心、影响人们的言行，就必须融入实际、融入生活，让人们在实践中感知它、领悟它、接受它，最终达到内外兼修、表里如一的境界。培育和践行社会主义核心价值观，全面推进高校法治文化建设，实现两者的融合发展，必须通过加强宣传教育、推动实践养成、建立制度机制，做到知行合一。要把培育和践行社会主义核心价值观，全面推进高校法治文化建设，实现两者双向融合发展贯穿到日常工作实践中，从小事做起，在实践中感知，在行动中领悟。积极营造践行社会主义核心价值观和社会主义法治建设的浓厚氛围，深入宣传践行社会主义核心价值观和社会主义法治精神的新事物、新典型，理直气壮地批评背离社会主义核心价值观和法治建设融合发展的错误言行，形成遵守社会主义核心价值观和社会主义法治为荣、违背社会主义核心价值观和社会主义法治精神为耻的良好环境。

日常生活作为个体再生产的各种活动[1]，是人类生存和发展赖以立足的基础，也是培育和践行高校法治文化的实践场域，而法治文化的涵养自然不能脱离日常生活的现实给养，如果脱离日常生活，高校法治文化也就成了无源之水、无本之木。当前，中国正处于社会转型的关键时期，经济领域、政治领域的深刻变革，以及社会生活的日益多样化，不断影响和改变着人们的思想认知和价值观，这就需要有引领社会发展与大众日常生活的核心

---

[1] 孟迎辉，邓泉国：《社会主义核心价值观与日常生活的内在逻辑》，《社会主义研究》，2015 年第 1 期。

价值观和法治文化。换言之，新时期高校法治文化建设必须应对社会发展与大众日常生活需要的集中反映和逻辑应答，以日常生活为根基和历史原点①。推进高校法治文化建设的日常生活化，并不是让法治文化建设消极地适应日常生活，而是要以日常生活实践为基础，彰显其对日常生活实践的指导和引领。"新时期高校法治文化建设的日常生活化"就其含义而言，是指以构建社会主义核心价值观、重建大众日常生活为旨归，使高校法治文化建设融入日常生活中，为大众所接受、认同和践行，成为日常生活的价值理念和行为规范。

当然，新时期高校法治文化建设是一项长期的、艰巨的系统工程，需要从家庭教育抓起、从学校教育抓起、从日常生活抓起，不断拓宽渠道、丰富载体，使人们在潜移默化中接受教育、规范行为。这里以良好的家风养成为例，讨论如何将高校法治文化建设内化为人们的精神追求、外化为人们的自觉行动。家风的影响和作用，说到底就是有一种文化上的影响力和约束力。影响力是对家庭乃至家族成员进行潜移默化的文化熏陶。潜移默化的过程就是内心认同的过程，使自觉践行有了基础，如春风化雨，润物无声。约束力是给家庭乃至家族成员竖起一把精神尺度②。家风不仅是一种道德文化，而且是一种社会文化、法治文化，具有稳定、教化社会的功能。良好的家风能塑造子女的品格，使他们遵守仁义礼智信的道德要求，严于律己，成为对社会、对国家有用的人。古代家风家教对于法治的推行、对于维护社会稳定有着重要的作用。习近平总书记充分赞扬家风家教对于价值观养成的独特作用，强调重视家风家教建设，促进社会和谐、民族进

---

① 蓝淑华：《论社会主义核心价值观日常生活化的三个维度》，《福建医科大学学报》（哲学社会科学版），2015年第4期。

② 吕飞云：《良好的家风养成是培育和践行社会主义核心价值观的重要载体》，《青岛日报》，2016年3月14日。

步、国家发展。因此，如何利用家庭平台将高校法治文化建设融入家风家教之中，是亟待解决的重要问题。

当然，除了良好的家风养成，把高校法治文化建设融入高校大学生的日常生活中，学校教育、政府宣传也是很好的手段，当然在宣传手段、宣传模式上都需要有所创新。除了报纸、杂志、广播、电视等传统宣传手段，还需要利用新兴的网络和新媒体手段。比如现在微信已成为一种空前普及的网络社交平台，我们应该充分利用这一新媒体使之成为宣传融合发展的新平台。

第二章 新时期高校治理现代化与法治文化建设的融合发展

　　把法治文化建设融入高校治理体系和治理能力现代化，是坚持依法治国和以德治国在高校发展中的体现和必然要求。两者融合发展有利于发挥法治和德治在高校治理中相互补充、相互促进、相得益彰的积极作用，对于推进大学治理体系和治理能力现代化具有重大而深远的意义。要站在全面推进依法治国、巩固全体人民团结奋斗的共同思想道德基础的战略高度，把法治文化建设融入教书育人、科学研究全过程、各环节，同时切实发挥法治对高校治理的支撑作用，充分认识法治文化建设与高校治理体系融合发展的价值意蕴。

第一节 新时期高校治理现代化与法治文化建设融合发展的理论逻辑

一、全面依法治国是两者融合发展的宏观背景

　　法治和人治是相对应的历史范畴，它们构成了人类政治文明史的一个基本问题，也是世界上各个国家在实现自身现代化过程中必须面对和解决的一个重大问题。综观人类发展史，凡是顺利进入现代化的民族国家，都要解决好法治和人治的关系问题。相反，一些国家尽管取得了较快的发展，但始终不能迈入现代化的大门，究其实质，它们没有实现法治化，而法治是现代化的一个核心指标和重要内容。如习近平同志所言，治理一个国家、一个

社会，关键是要立规矩、讲规矩、守规矩。法律就是治国理政最大最重要的规矩。"我国是一个有十三亿多人口的大国，地域辽阔，民族众多，国情复杂。我们党在这样一个大国执政，要保证国家统一、法制统一、政令统一、市场统一，要实现经济发展、政治清明、文化昌盛、社会公正、生态良好，都需要秉持法律这个准绳、用好法治这个方式。"①

所谓法治，就是依法治国，是广大人民群众在中国共产党的领导下，依照宪法和法律规定，通过各种途径和形式管理国家事务，管理经济文化事业，管理社会事务，保证国家各项工作都依法进行。依法治国是中国共产党领导中国人民治理国家的基本方略，实行这一方略，"是发展社会主义市场经济的客观需要，是社会文明进步的重要标志，是国家长治久安的重要保障"②。党的十八大以来，为实现"两个一百年"奋斗目标、实现中华民族伟大复兴的中国梦，以习近平总书记为核心的中央领导集体明确提出"全面推进依法治国"的伟大决策，表征着中国社会主义法治建设翻开了新的篇章。

全面准确把握社会主义法治建设进入新时代，首先要梳理新中国法治建设的曲折发展史。从 1949 年建立新中国，中国共产党带领中国人民进行长期革命、建设和改革，逐步走上了全面建设社会主义法治国家的道路。20 世纪整个 50 年代，是中国社会主义法律制度初创时期。这 10 年间，中国制定了《中国人民政治协商会议共同纲领》（1949）和《中华人民共和国宪法》（1954）及其他一系列法律、法令，一举奠定了法治中国建设的基础。但令人遗憾的是，"文化大革命"给社会主义中国的法治

----

① 中共中央文献研究室：《全面依法治国 开启中国法治新时代——学习〈习近平关于全面依法治国论述摘编〉》，《人民日报》，2015 年 5 月 5 日。

② 中共中央文献研究室：《十五大以来重要文献选编（上）》，人民出版社，2000 年，第 31 页。

建设带来了很大的伤害。直到 1978 年党的十一届三中全会召开，新中国法治才出现了伟大转折。在这次全会上，党领导人民认真总结了社会主义建设的历史经验，尤其是反思历史发展的惨痛教训，做出了把党和国家工作的重心转移到社会主义现代化建设上来，以及实行改革开放的重大决策，同时还明确提出了发展社会主义民主、加强社会主义法制的任务。十一届三中全会提出："为了保障人民民主，必须加强社会主义法制，使民主制度化、法律化，使这种制度和法律具有稳定性、连续性和极大的权威，做到有法可依，有法必依，执法必严，违法必究。"① 值得提出的是，邓小平同志在此期间明确使用了"法治"概念，强调要通过政治体制改革"处理好法治与人治的关系"②。

1997 年党的十五大明确提出"依法治国"，将"建设社会主义法治国家"确立为社会主义现代化建设的重要目标，提出"到 2010 年形成有中国特色社会主义法律体系"的重大任务，自此以后依法治国成为"党领导人民治理国家的基本方略"。九届全国人大二次会议将"依法治国，建设社会主义法治国家"写入了《宪法》，用国家根本大法的形式确立了依法治国的历史地位。2002 年党的十六大将"依法治国"纳入全面建设小康社会的目标③。2007 年党的十七大再次明确全面落实依法治国基本方略，"加快建设社会主义法治国家"④。2012 年党的十八大强调要"全

---

① 中共中央文献研究室：《三中全会以来重要文献选编（上）》，人民出版社，1982 年，第 11 页。

② 《邓小平文选（第 3 卷）》，人民出版社，1993 年，第 177 页。

③ 中共中央文献研究室：《十六大以来重要文献选编（上）》，中央文献出版社，2005 年，第 15 页。

④ 中共中央文献研究室：《十七大以来重要文献选编（上）》，中央文献出版社，2009 年，第 24 页。

面推进依法治国"，"完善中国特色社会主义法律体系"①。党的十八届四中全会审议并通过了《中共中央关于全面推进依法治国若干重大问题的决定》，深刻阐明全面推进依法治国的重大意义，而且科学确定了全面推进依法治国的指导思想、总体目标、根本原则、重大任务和具体部署，精心绘制了法治中国的蓝图，为全面推进依法治国指明了目标方向、提供了基本遵循②。

就概念具体表述而言，习近平总书记在 2014 年年末全国政协新年茶话会上首次使用"全面依法治国"的表述③，这可以视为对"全面推进依法治国"表述的简化版本。有学者对全面依法治国的内涵进行了具体的阐释。所谓"全面"是对完善整个国家治理体系结构的推进；"依法"是对法律本体性价值的凸显，治国理念是对以人为本的价值旨归的实现④。其一，全面依法治国方略之"全面"是对完善国家治理体系结构的推进，主要体现在法律治理范围的广泛性上。习近平总书记指出："国家治理体系是在党领导下管理国家的制度体系，包括经济、政治、文化、社会、生态文明和党的建设等各领域体制机制、法律法规安排，也就是一整套紧密相连、相互协调的国家制度。"⑤ 只有"全面"实现依法而动的治理模式，各种体制机制、法律法规和国家制度的制定与执行，以及国家治理体系和治理能力的提升等方面才能达到预期的效果。其二，"依法"是对法律本体性价值的尊重。我国封建社会的法治最后总是沦为维护特权阶级利益的工具，与

---

① 中共中央文献研究室：《十七大以来重要文献选编（上）》，中央文献出版社，2009 年，第 21 页。

② 邱乘光：《"四个全面"视域中的"全面依法治国"：历史演进、基本内涵与重要功能》，《黑龙江社会科学》，2016 年第 6 期。

③ 习近平：《在全国政协新年茶话会上的讲话》，《人民日报》，2015 年 1 月 1 日。

④ 陈勇，武曼曼：《全面依法治国背景下法律与道德的关系新探》，《思想教育研究》，2016 年第 5 期。

⑤ 习近平：《习近平谈治国理政》，外文出版社，2014 年，第 91 页。

当代中国努力维护法律的权威性有着根本的区别。在我国漫长的以自然经济和宗族血缘关系为特点的封建时期，法律与道德均围绕封建制度所赋予的特权阶层的意志而动。在当今，全面依法治国的提出，将社会行为纳入法律的约束之下，确立了人与人之间的平等关系。全面依法治国方略从人本的角度着重突出人民群众在国家治理中的主体地位，将广大人民群众运用法律治理国家的身份予以确认，明确了法律在治理过程中服务于人民群众的价值旨归，从而开创了人民参与和监督治国理政的新局面①。

二、以德治国、践行社会主义核心价值观是两者融合发展的内在要求

习近平总书记在中央政治局第三十七次集体学习时提出，要强化道德对法治的支撑作用，发挥道德的教化作用，提高全社会文明程度，为全面依法治国创造良好人文环境。党的十八届四中全会决议中明确提出"坚持依法治国和以德治国相结合"，依法治国和以德治国二者是相互促进、相辅相成的。众所周知，道德是调整人与国家、人与社会、人与自然、人与自身之间关系的行为规范的总和，它不仅包括一般意义上具体的道德规范，还要包括国家和公民的理想信念、社会的价值目标等。法治文化建设由于以精炼的话语涵盖了"德"的本质内容，因而成为以德治国方略的内核。

江泽民同志在 2001 年的全国宣传部长会议上提出"以德治国"的方略，中共中央于 2001 年颁布了《公民道德建设实施纲要》，明确了公民基本道德规范，即"爱国守法、明礼诚信、团结友善、勤俭自强、敬业奉献"。习近平总书记指出："核心价值

---

①　陈勇，武曼曼：《全面依法治国背景下法律与道德的关系新探》，《思想教育研究》，2016 年第 5 期。

观，其实就是一种德，既是个人的德，也是一种大德，就是国家的德、社会的德。国无德不兴，人无德不立。如果一个民族、一个国家没有共同的核心价值观，莫衷一是，行无依归，那这个民族、这个国家就无法前进。"① 因此，"以德治国"的关键是积极培育与践行法治文化建设。如果说"依法治国"彰显的是一种工具理性和刚性的治国方式，那么"以德治国"体现的则是一种价值理性和柔性的治国方式，只有两者相结合，刚柔相济，才能更好地实现国家的治理目标。党的十六大报告将"依法治国和以德治国相结合"概括为十条基本经验之一，也体现了以德治国的重要意义。

当然，以德治国不是新中国的专利，"德主刑辅""明德慎罚"等德治思想在我国古代就已存在，而且构成了国家治理的主要方式。但是古代德治思想有两个缺陷：其一，德治无法得到全体社会成员普遍认同，内化为他们的共同价值；其二，更为本质的是，德治被统治者鼓吹为治民之术，其目的只是将广大的人民变成言听计从的顺民而已②。马克思、恩格斯说过："一切划时代的体系的真正内容都是由于产生这些体系的那个时期的需要而形成起来的。所有这些体系都是以本国过去的整个发展为基础的，是以阶级关系的历史形式及其政治的、道德的、哲学的以及其他的成果为基础的。"③ 新中国成立后，中国共产党领导中国人民进行社会主义建设和改革开放，吸收了古代德治思想的优秀成分，形成了有别于传统阶级社会的社会主义德治理念。首先，"以德治国"是马克思主义思想的现实体现。马克思主义关于无产阶级

---

① 习近平：《青年要自觉践行社会主义核心价值观——在北京大学师生座谈会上的讲话》，《人民日报》，2014年5月5日。

② 张隽利：《论社会主义核心价值观视域下的依法治国与以德治国》，《长春工程学院学报》（社会科学版），2016年第1期。

③ 《马克思恩格斯全集（第3卷）》，人民出版社，1995年，第544页。

专政的学说，是对人民民主、对敌人专政的辩证统一，它是让最广大的人民群众最大限度地享有民主权利的制度。由此可见，人民民主专政就是最大的德政。其次，"以德治国"批判地继承了中国传统文化精华，是传统思想资源在新的历史条件下的再锻造①。党的十六届六中全会提出了建设社会主义核心价值体系的要求，以马克思主义作为指导思想，是对社会主义道德的高度概括和总结。今天所说的以德治国或者新型社会主义"德治"观，是以为人民服务为核心、以集体主义为原则，重视道德教育和道德感化的作用，强调选拔干部须德才兼备、以德为先，要求各级领导干部"讲党性、重品行、作表率"，发挥示范带头作用的"德治"；是在肯定"法治"重要意义的基础上，使"德治"与"法治"互相补充，并行不悖，共同维护和保障国家长治久安的"德治"。

当代大学校园的道德建设必须紧紧围绕包含法治在内的社会主义核心价值体系开展。习近平总书记2014年在北大发表的讲话中指出："人类社会发展的历史表明，对一个民族、一个国家来说，最持久、最深层的力量是全社会共同认可的核心价值观。核心价值观，承载着一个民族、一个国家的精神追求，体现着一个社会评判是非曲直的价值标准。"② 的确，历史上国家的治理、政权的巩固、社会的稳定与人民的幸福都离不开核心价值观的支撑，核心价值观的形成是国家政治特别是德治的重要组成部分，德治则是核心价值观的有效载体③。

有学者就法治文化建设和以德治国的关系提出了以下三点意见：其一，法治文化建设是以德治国的导向。其二，法治文化建

① 任淑艳：《以德治国思想的价值分析》，《党史文苑》，2013年第4期。
② 习近平：《青年要自觉践行社会主义核心价值观——在北京大学师生座谈会上的讲话》，《人民日报》，2014年5月5日。
③ 覃正爱：《社会主义核心价值观的本质、灵魂及与"以德治国"的关系》，《理论视野》，2015年第9期。

设支撑公民道德建设。核心价值观是公民判断事物是非的依据和标准，也是公民的一种行为准则。其三，法治文化建设是以德治国的组成部分。公民首先应该在思想层面进行核心价值观的建设，从而深化至现实生活的道德建设①。笔者认为，党的十八大提出的"三个倡导"是马克思主义与社会主义现代化建设相结合的产物，与中国特色社会主义发展要求相契合，与中华优秀传统文化和人类文明优秀成果相承接，是我们党凝聚全党全社会价值共识做出的重要论断。当代中国，"三个倡导"的法治文化建设反映了中国特色社会主义实践的需要和最广大人民的根本利益、共同愿望。新时期高校治理现代化与法治文化建设融合发展，对于建设世界一流的高水平大学，发展中国特色社会主义伟大事业，实现中华民族伟大复兴的中国梦，具有重要的现实意义和深远的历史意义②。

三、新时期高校治理现代化与法治文化建设融合发展是以德治国与依法治国相结合的丰硕成果

"以德治国"不仅不排斥"依法治国"，而且是在"依法治国"的基础上提出的，两者结合、相辅相成。就是说，今天我们讨论以德治国和高校法治文化建设的培育与践行，一个基本的背景就是全面依法治国。全面推进依法治国是一项复杂的社会系统工程，不仅要坚持科学的指导思想，牢牢把握既定的总体目标，还必须切实坚持一些基本原则。《中共中央关于全面推进依法治国若干重大问题的决定》强调，全面推进依法治国，必须"坚持中国共产党的领导""坚持人民主体地位""坚持法律面前人人平

---

① 张隽利：《论社会主义核心价值观视域下的依法治国与以德治国》，《长春工程学院学报》（社会科学版），2016 年第 1 期。

② 雒树刚：《坚持依法治国和以德治国相结合》，《北京青年工作研究》，2014 年第 11 期。

等""坚持从中国实际出发""坚持依法治国和以德治国相结合"等基本原则①。坚持"依法治国"和"以德治国"相结合，这不仅是《决定》所强调坚持的一个基本原则，更是《宪法》本身所明确载入的规定和要求。

我国《宪法》第 24 条规定："国家通过普及理想教育、道德教育、文化教育、纪律和法制教育，通过在城乡不同范围的群众中制定和执行各种守则、公约，加强社会主义精神文明的建设。国家提倡爱祖国、爱人民、爱劳动、爱科学、爱社会主义的公德，在人民中进行爱国主义、集体主义和国际主义、共产主义的教育，进行辩证唯物主义和历史唯物主义的教育，反对资本主义的、封建主义的和其他的腐朽思想。"《宪法》第 53 条强调："中华人民共和国公民必须遵守宪法和法律，保守国家秘密，爱护公共财产，遵守劳动纪律，遵守公共秩序，尊重社会公德。"这实质上是分别从国家和公民两个不同层面强调德治。第九届全国人民代表大会第二次会议通过了《中华人民共和国宪法修正案》，把"依法治国"正式写入了《宪法》，其第十三条规定："宪法第五条增加一款，作为第一款，规定：'中华人民共和国实行依法治国，建设社会主义法治国家。'"这在宪法的意义上把中国共产党的政治目标转变为国家的治理目标，或者更准确地说，转变为国家的宪法目标。

习近平同志在主持中共中央政治局第三十七次集体学习时强调：法律是准绳，任何时候都必须遵循；道德是基石，任何时候都不可忽视。在新的历史条件下，我们要把依法治国基本方略、依法执政基本方式落实好，把法治中国建设好，必须坚持依法治国和以德治国相结合，使法治和德治在国家治理中相互补充、相

---

① 中共中央办公厅：《中共中央关于全面推进依法治国若干重大问题的决定》，《人民日报》，2014 年 10 月 29 日。

互促进、相得益彰，推进国家治理体系和治理能力现代化。习近平指出，法律是成文的道德，道德是内心的法律。法律和道德都具有规范社会行为、调节社会关系、维护社会秩序的作用，在国家治理中都有其地位和功能。法安天下，德润人心。法律的有效实施有赖于道德支持，道德践行也离不开法律约束。法治和德治不可分离、不可偏废，国家治理需要法律和道德协同发力①。

德法并举是中国传统的政治理念。在中国历史上，法治和德治在国家治理中各自起着独特的、不可替代的作用。从孔子提出"宽猛相济"、荀子提出"隆礼而重法"到汉代董仲舒强调"阳为德，阴为刑"，从唐代到宋元明清，一直提倡"制礼以崇敬，立刑以明威"，提倡德法并治的理念及治国之道。两千多年的封建统治，大都是德治、法治两手抓，社会稳定了，德治多一点，社会不稳定了，法治就多一点。上台之初的统治者为了王朝的稳固，可能会多讲一些德治；但即使是这个时期，法治的功能仍会发挥极大的作用。而王朝的后期，法治往往会多一些。德治和法治的往复循环构成了中国封建统治的周期律。可以说，中国封建社会两千多年的历史，是王朝更迭的历史，也是德治和法治交替的历史②。

当然，如前所述，中国历史上的德治和法治都是专制统治的不同形式而已，它们涉及的问题是专制统治下法和德哪个更有用的问题。历史上的德治和法治都是人治。而只要是人治，就不可能是真正的德治，也不可能是真正的法治。提倡德法并治的封建王朝统治，并不因为主张德治就变得人道和公平。历史上许多封建法律规定贵族和官吏不受司法机关和普通法律程序约束，司法

---

① 习近平：《坚持依法治国和以德治国相结合 推进国家治理体系和治理能力现代化》，《人民日报》，2016 年 12 月 11 日。
② 蒋德海：《依法治国和以德治国并举要超越历史的周期律》，《上海大学学报》（社会科学版），2017 年第 1 期。

机关非经皇帝许可，不能拘捕、审问贵族和官吏。汉初有先请制度，宗室、贵族及六百石以上官员有罪，均须先请示皇帝，而后才得逮捕审问①。我国新时期"依法治国"和"以德治国"的关系，不是传统法治和德治的关系，它们之间有着本质上的差异。这种差异表现在依法治国和以德治国在国家治理中占有不同地位。依法治国是治国方略，是宪法原则，在社会生活中有最高的规范性效力，任何人、任何组织都不得违反宪法。以德治国是执政党的执政原则或政治伦理，是党的规则。党的规则须服从国家的宪法，以德治国要服从依法治国的方略。不能将以德治国独立于依法治国之外，更不能用以德治国排斥依法治国②。在新的历史条件下，推进依法治国和以德治国的同步发展，不能简单地重复或照搬传统的德法并治，而是社会主义政治文明基础上法治文明和道德文明建设的创新。这就要求我们在推进依法治国过程中，加强高校法治文化建设，努力实现两者的融合发展，通过法治文化建设把法治和德治紧密结合成一种高校治理方式，这依赖于人民对价值观和法治的深刻认同和内化。

第二节　法治文化建设是推进高校治理体系和治理能力现代化的重要途径

自党的十八届三中全会提出"全面深化改革的总目标是完善和发展中国特色社会主义制度，推进国家治理体系和治理能力现代化"的崭新命题后，学术界从基本概念、结构要素、建构原则、基本特征、衡量标准、治理方式、实现途径等方面展开了广

---

① 蒋德海：《依法治国和以德治国并举要超越历史的周期律》，《上海大学学报》（社会科学版），2017 年第 1 期。

② 蒋德海：《依法治国和以德治国并举要超越历史的周期律》，《上海大学学报》（社会科学版），2017 年第 1 期。

泛的研究和热烈的讨论，为笔者的研究奠定了理论基础。下文着重讨论高校法治文化建设对于推进大学治理现代化的重要意义。

一、法治文化建设是实现大学治理现代化目标的当代选择

习近平总书记在《切实把思想统一到党的十八届三中全会精神上来》的讲话中，首次对"国家治理体系和治理能力现代化"的概念及二者的相互关系进行了阐释①。国家治理体系和治理能力是一个国家制度和制度执行能力的集中体现。所谓国家治理体系，是在党领导下管理国家的制度体系，包括经济、政治、文化、社会、生态文明和党的建设等各领域体制机制、法律法规安排，也就是一整套紧密相连、相互协调的国家制度；所谓国家治理能力，是运用国家制度管理社会各方面事务的能力，包括改革发展稳定、内政外交国防、治党治国治军等各个方面②。国家治理体系和治理能力是一个有机整体，相辅相成，有了好的国家治理体系才能提高治理能力，提高国家治理能力才能充分发挥国家治理体系的效能。

怎样治理社会主义社会这样全新的社会，在以往的世界社会主义中没有解决得很好。马克思、恩格斯关于未来社会的原理很多是预测性的；列宁在俄国十月革命后不久就逝世了，也没来得及深入探索这个问题；斯大林在这个问题上进行了探索，取得了一些实践经验，但也犯下了严重错误，没有最终解决这个问题。我们党执政后，也不断探索这个问题，虽然有严重曲折，但在国家治理体系和治理能力上积累了丰富经验、取得了重大成果，特别是改革开放以来进展显著。当前，我国政治稳定、经济发展、

---

① 习近平：《切实把思想统一到党的十八届三中全会精神上来》，《人民日报》，2014 年 1 月 1 日。
② 习近平：《切实把思想统一到党的十八届三中全会精神上来》，《人民日报》，2014 年 1 月 1 日。

社会和谐、民族团结，同世界上一些地区和国家不断出现乱局形成了鲜明对照。这说明我们的国家治理体系和治理能力总体上是好的，是适应我国国情和发展要求的。

同时，我们也要看到，相比我国经济社会发展要求，相比人民群众期待，相比当今世界日趋激烈的国际竞争，相比实现国家长治久安，我们在国家治理体系和治理能力方面还有许多不足，有许多亟待改进的地方。真正实现社会和谐稳定、国家长治久安，还是要靠制度，靠我们在国家治理上的高超能力，靠高素质的干部队伍。我们要更好地发挥中国特色社会主义制度的优越性，在各个领域推进国家治理体系和治理能力现代化。

所谓国家治理现代化，就是要适应时代变化，既改革不适应实践发展要求的体制机制、法律法规，又不断构建新的体制机制、法律法规，使各方面制度更加科学、更加完善，实现党、国家、社会各项事务治理制度化、规范化、程序化。要更加注重治理能力建设，增强按制度办事、依法办事意识，善于运用制度和法律治理国家，把各方面制度优势转化为管理国家的效能，提高党科学执政、民主执政、依法执政水平①。

总体而言，学者们对国家治理体系和治理能力的概念，没有本质性的差异，主要是解释性阐述和扩充性补充。但对于何为国家治理现代化，学者们看法不一。高小平提出，"治理体系现代化"是指处理好政府、市场、社会的关系；"治理能力现代化"是指把治理体系的体制和机制转化为一种能力，发挥其功能，提高公共治理能力②。魏治勋也认为，国家治理体系的现代化的核心要旨在于以现代治理理念重构公共权力，实现国家治理的范式

---

① 习近平：《习近平谈治国理政》，外文出版社，2014年，第91页。
② 周晓菲：《治理体系和治理能力如何实现现代化》，《光明日报》，2013年12月4日。

转换，中心内容则是行政体系的自我再造，直接目标则是提升政府的治理能力，打造民主、法治、高效的现代行政体系，为国家的"善治"创造条件①。还有学者从国家治理结构变迁视角，切入治理现代化的讨论。徐邦友提出，国家治理体系现代化是指国家治理体系从传统到现代的结构性变迁，这种变迁包括结构、功能、体制机制、规则、方式方法和观念文化等各个方面②。唐皇凤提出国家治理体系现代化的核心内涵包括治理主体的多层化和多元化、治理结构的分权化和网络化、治理制度的理性化、治理方式的民主化与法治化、治理手段的文明化与治理技术的现代化③。许耀桐则从国家治理的价值取向角度提出，治理体系现代化包括治理体系（系统结构）的现代化和治理能力（方法方式）的现代化两个方面，意味着国家治理要更加科学、更加民主、更加法治，同时也要制度化、规范化、程序化。卢洪友认为，国家治理体系与治理能力的现代化包括以下几个方面：一是国家治理的制度化、法治化、规则化与规范化；二是治理主体的多元化；三是治理手段的网络化；四是国家治理的价值取向既关注效率，更关注社会公平正义④。

学者们的讨论或多或少地涉及国家治理现代化的目标问题。笔者认为完善和发展中国特色社会主义制度，促进社会公平正义、增进人民福祉是国家治理现代化的目标。对现代化的定义有很多种，对现代化的标准也说法不一。一些学者认为，现代化是

---

① 魏治勋：《"善治"视野中的国家治理能力及其现代化》，《法学论坛》，2014年第2期。

② 徐邦友：《国家治理体系：概念、结构、方式与现代化》，《当代社科视野》，2014年第1期。

③ 唐皇凤：《中国国家治理体系现代化的路径选择》，《福建论坛》（人文社会科学版），2014年第2期。

④ 卢洪友：《从建立现代财政制度入手推进国家治理体系和治理能力现代化》，《地方财政研究》，2014年第1期。

一种向以西欧及北美地区等地国家近现代以来形成的价值为目标，寻求新的出路的过程，因此常与西方化的内涵相近；发展中国家只有以西方发达国家为模板，才能找到现代化的出路。笔者认为这一认识是不符合实际的。事实上，现代化应当有不同的模式，罗荣渠先生曾把对现代化含义的认识总结为四大类：一是指经济上落后的国家通过技术革命，在经济和技术上赶超世界先进水平的历史过程。二是经济落后国家实现工业化的进程。三是现代化是人类急剧变动的过程的统称。四是"现代化主要是一种心理态度、价值观和生活方式的改变过程"①。

各国的现代化并没有统一模式，国家治理体系现代化作为现代化的一个部分，也没有各国通用的模式。一个国家选择什么样的治理体系，是由这个国家的历史传承、文化传统、经济社会发展水平决定的，是由这个国家的人民决定的。我国今天的国家治理体系，是在我国历史传承、文化传统、经济社会发展的基础上长期发展、渐进改进、内生性演化的结果。经过历史和实践检验，我国社会主义制度不仅独具特色，而且有着巨大的优越性，比如，善于形成共同推动生产力发展的巨大合力，集中力量办大事，注重维护人民利益，制度具有自我纠偏纠错功能等。这些优势都是西方制度所不具备的。如果随便套用或者局部套用西方制度模式，那么不仅拿来的制度会出现水土不服，甚至出现排异反应，而且我国原有的制度优越性也会大打折扣，甚至出现严重的颠覆性后果。现在，国际上越来越多的人开始肯定我国的制度模式即国家治理体系和治理能力，这是对中国特色制度模式的成功及其影响力的客观回应。

邓小平同志在 1992 年提出，再有 30 年的时间，我们会在各方面形成一整套更加成熟、更加定型的制度。十八届三中全会在

---

① 罗荣渠：《现代化新论》，北京大学出版社，1993 年，第 14 页。

邓小平同志战略思想的基础上，提出要推进国家治理体系和治理能力现代化，是完善和发展中国特色社会主义制度的必然要求，是实现社会主义现代化的应有之义。究其实质，国家治理的现代化是中国特色社会主义制度的定型化、成熟化和完善化。国家治理现代化一个重要的目标或者说衡量标准是促进社会公平正义、增进人民福祉。改革开放以来，我国经济社会发展取得巨大成就，为促进社会公平正义提供了坚实物质基础和有利条件。同时，在我国现有发展水平上，社会上还存在大量有违公平正义的现象。特别是随着我国经济社会发展水平和人民生活水平不断提高，人民群众的公平意识、民主意识、权利意识不断增强，对社会不公问题反应越来越强烈。党的十八大明确提出，公平正义是中国特色社会主义的内在要求；要在全体人民共同奋斗、经济社会发展的基础上，加紧建设对保障社会公平正义具有重大作用的制度，逐步建立以权利公平、机会公平、规则公平为主要内容的社会公平保障体系，努力营造公平的社会环境，保证人民平等参与、平等发展权利。国家治理现代化必须以促进社会公平正义、增进人民福祉为目标，这是坚持我们党全心全意为人民服务根本宗旨的必然要求。

实现社会公平正义是由多种因素决定的，在不同发展水平上，在不同历史时期，不同思想认识的人、不同阶层的人，对社会公平正义的认识和诉求也会不同。不论处在什么发展水平上，制度都是社会公平正义的重要保证。我们要通过创新制度安排，努力克服人为因素造成的有违公平正义的现象，保证人民平等参与、平等发展权利。要把促进社会公平正义、增进人民福祉作为一面镜子，审视我们各方面体制机制和政策规定。哪里有不符合促进社会公平正义要求的问题，哪里就需要改革；哪个领域哪个环节问题突出，哪个领域哪个环节就是改革的重点。对由于制度安排不健全造成的有违公平正义的问题要抓紧解决，使我们的制度安排更好体现社会主义公平正义原则，更加有利于实现好、维护好、发展好最广大人民根本利益。归根结底，国家治理现代化是以人的自由全面发展为价值旨归。

从上述宏观背景出发，高校治理的现代化也必须融合更多的法治元素，在大学治理现代化建设过程中，法治文化建设的培育与发展、依法治校与以德治校两者相辅相成、相得益彰，大学治理现代化需要二者共同发挥作用。法治与以法治文化建设为核心的道德建设是不可或缺的治理方式。要落实十八届三中全会对全面深化改革所做的顶层设计，要想实现大学治理现代化的目标，必须要靠依法治校和以德治校做保障，把法治文化建设的培育和践行全面融入依法治校进程中。在党领导下进行的全面深化高等教育，就是要将法治文化建设贯彻到大学改革的每一个层面和环节，用法治来引领改革方向，用法治文化建设来凝聚改革共识，不断强化并规范改革思维。

二、法治文化建设是创新高校治理方式的重要举措

"国家治理体系和治理能力现代化"是党的十八届三中全会提出的重大理论论断，它是由诸多要素有机结合而成的整体。国家治理方式是这一理论系统中的重要组成部分，是实现国家治理体系和治理能力现代化的重要载体。高小平认为，实现国家治理体系的现代化需要做到"四个统一"和"三个结合"："四个统一"是指党和政府的领导与多元主体参与公共事务管理的统一、法治与德治的统一、管理和服务的统一、常态管理与非常态管理的统一；"三个结合"是指坚持解放思想、解放和发展社会生产力、解放和增强社会活力相结合；坚持顶层设计与"摸着石头过河"相结合；坚持发挥市场在资源配置中的决定性作用与更好发

挥政府作用相结合①。颜晓峰也提出如下四条重要途径：一是运用法律制度治理国家与运用道德规范治理国家一体化；二是有效维护社会秩序与有效整合社会意识一体化；三是创新社会治理与强化道德约束一体化；四是治理融入生活与价值内化于心一体化②。房宁认为，推进国家治理体系和治理能力现代化，一是必须在中国特色社会主义制度框架内进行；二是善于借鉴古今中外治国理政的经验教训；三是解放思想、大胆探索，在实践中探索途径和方法③。上述学者都部分涉及了治理方式在国家治理体系中的重要地位和具体作用。

国家治理现代化是一项涉及国家政治、经济、文化、社会、生态诸多领域改革且具有长期性和复杂性的系统工程，深刻影响着国家社会生活的方方面面，牵动着全体人民的根本利益。国家治理现代化凸显出的任务艰巨性及深刻影响力表明，需要动员和依靠全体社会力量，需要采用各种治理方式来实现现代化的宏伟目标。笔者认为，推进高校治理方式现代化，或实现具有现代意义的治理方式，也是上述变革的重要组成部分，其中的关键至少需要把握以下几个要素：民主化、法治化、文明化、科学化。在此意义上，高校治理现代化，离不开社会主义法治建设，离不开培育社会主义核心价值体系，离不开法治文化建设的涵养。

民主化构成了高校治理方式现代化的一个重要标准。传统社会采取的是君主管制的治理方式。孔子讲："民可使由之，不可使知之。""民主治理"是现代国家治理的主要方式，也是其区别于传统社会的根本特征。马克思设想的"自由人联合体"，实质

① 高小平：《国家治理体系与治理能力现代化的实现路径》，《中国行政管理》，2014 年第 1 期。

② 颜晓峰：《推进国家治理 构建价值体系》，《宁波日报》，2014 年 3 月 18 日。

③ 房宁：《如何推进国家治理体系和治理能力现代化》，《人民日报》，2014 年 1 月 28 日。

上就是一种民主治理模式，让国家回归社会，实现民众的自我管理。"人民当家作主"是社会主义国家治理的核心理念，治理方式的民主化就是通过各种制度化安排，让民众能够参与到国家和社会事务的管理中，切实保障人民当家作主地位。治理方式民主化就是要将"权为民所有""权为民所赋"与"权为民所谋""权为民所有"统一起来。高校治理过程中的"民主化"也即将高校治理的权利交由高等教育的主体（教师和学生）来行使，而不是交由其他力量。

法治作为中国治国理政的基本方式已经成为学者们的共识。马克斯·韦伯指出，人类社会出现过三种统治类型：一是传统型，二是卡理斯玛型，三是法理型。法理型统治建立在一系列明确的规则、法律和其他制度的基础上。统治者通过程序、规则和法律进行国家管理，并且民众服从程序、规则和法律的权威[①]。现代国家就是一种法理型类型，其根本标志就是从"人治"到"法治"的转型，法治成为治国理政的最重要的方式。国家治理体系和国家治理能力现代化与法治的现代化具有同步性。迟福林强调，国家治理转型最重要的是以法治建设为重点，法治为先、法治为重、法治为大，逐步形成依法治国的新局面[②]。国家治理方式法治化就是国家治理体系中的一切主体，无论是政府权力主体，还是相关的权利主体，都应当在法律、规则、程序等条件下实施各自的职能活动或社会行为，各主体的行为都受到法律和规则的约束[③]。

治理方式的科学化指在科学的治理体系规则下，治理主体采

---

① ［德］马克斯·韦伯：《经济与历史支配的类型》，康乐，等译，广西师范大学出版社，2010 年，第 303 页。

② 迟福林：《国家治理体系转型需过四道坎》，《IT 时代周刊》，2014 年第 7 期。

③ 唐爱军：《实现国家治理方式现代化的四条标准》，《中国党政干部论坛》，2016 年第 1 期。

用科学的方式方法及现代科学技术手段，进行有效治理，并对治理效果进行有效评估和反馈。治理方式的科学化依赖于治理体系的规范化、程序化，以制度引导、规范治理方式是推进其科学化的基础①。将先进的信息技术手段、信息网络平台及其他工具、手段引入国家治理，提升治理的科学化水平。要构建合理有效的评估和反馈机制，以帮助治理主体客观地把握治理过程中的相关信息，改进薄弱环节，降低治理成本。评估和反馈机制同时还是一种互动、沟通机制，减少政府与社会民众之间的不信任感，降低沟通成本。

文明化的首要内涵是治理的非暴力化。传统国家治理方式强调礼治与权术之治并用。中国的韩非、西方的马基雅维利将权术之治推向极致。后者提出统治者选择治理手段、方式只需考虑是否有效，而不要考虑是否正当。治理"文明化"表现为摒弃自上而下的"权力傲慢式"的治理手段，而采用协商、合作的治理机制、手段。传统的政府统治运用权力资源和政府权威，对社会事务及民众进行管制，其权力运行方向是单一的，态度是傲慢的，职能性质是服从性的而非服务性的②。西方学者率先提出"善治"（good governance）的概念，他们呼吁"更少的统治，更多的治理"。"善治的本质特征就在于它是政府与公民对公共生活的合作管理，是政治国家与公民社会的一种新颖关系，是两者的最佳状态。"③

治理方式文明化指在国家治理中重视并积极运用文化手段。国家治理手段是多方面的，既有经济、政治、法律等手段，也有

① 唐爱军：《实现国家治理方式现代化的四条标准》，《中国党政干部论坛》，2016 年第 1 期。

② 唐爱军：《实现国家治理方式现代化的四条标准》，《中国党政干部论坛》，2016 年第 1 期。

③ 俞可平：《治理和善治引论》，《马克思主义与现实》，1999 年第 5 期。

文化和思想教育等手段。文化和价值观具有塑造人、引导人、规范人的功能。在推进国家治理体系和治理能力现代化进程中，要善于建构国家治理的价值体系；善于通过法治文化建设的宣传教育去凝聚人心、化解矛盾，以达成集有效性与合法性于一体的"善治"。习近平总书记在省部级主要领导学习贯彻十八届三中全会精神全面深化改革研讨班开班式的讲话中指出："推进国家治理体系和治理能力现代化，要大力培育和弘扬社会主义核心价值体系和核心价值观。"① 这肯定了文化建设在推进国家治理现代化中的重要作用，也指明了大力推进治理体系和治理能力现代化的重要途径。法治是中国特色社会主义性质的主导意识形态，是对优秀传统文化、现代文化加以融合的中华文化的价值凝结，预设了中国国家治理现代化必然与西方社会以资本意志为核心的少数人的"民主""平等""自由"等资产阶级主导的制度现代化进程的价值遵循不同，是中国国家治理现代化阔步有序前行的精神之本②。理论与实践表明，任何一种国家治理必然要以在社会价值体系中居于主导地位、发挥支配作用的文化理念为价值遵循，才能建成为社会成员广泛认同和遵守的国家治理体系和高效的国家治理能力。以"仁义礼智信"为要义的中国古代封建社会核心价值观决定并维护了中国两千多年封建制度的国家治理，以"个人主义、自由主义、功利主义"为内涵的西方资本主义核心价值观决定并维护了西方资本主义制度的国家治理。法治文化建设彰显着社会主义、集体主义的价值取向和无产阶级立场，弘扬着特定的时代精神，是中国特色社会主义道路、理论体系和制度的价值表达，与当代西方资本主义制度核心价值观有明显区别。

---

① 习近平：《习近平谈治国理政》，外文出版社，2014 年，第106页。
② 徐瑞鸿：《社会主义核心价值观：国家治理现代化深入推进的精神内核》，《学习论坛》，2015年第3期。

综合上述论述，高校治理方式的现代化有诸多标准，而坚持走中国特色社会主义法治道路，大力培育和践行法治文化，实现两者的融合发展，是创新高校治理方式的重要举措。

第三节　法治文化建设是巩固新时期高校价值共识的主要方式

新时期高校法治文化建设的重要任务是要巩固全体师生的共同的思想基础，在思想观念多元化的背景下凝聚价值共识。笔者提出法治文化建设有助于巩固新时期高校发展的思想道德基础。在确切的意义上，共同的思想道德基础，对于一个政党、一个国家、一个民族的生存发展来说，是至关重要的。没有共同思想道德基础的维系和支撑，民族也不会有凝聚力。概括起来说，在中国共产党领导下，始终高举中国特色社会主义伟大旗帜，实现中华民族的伟大复兴，不断发展法治文化，是现阶段我国高校的重要历史使命，法治文化建设是巩固新时期高校价值共识的主要方式。

一、法治文化建设有利于巩固马克思主义的指导地位

任何社会都存在多样化的价值观念和价值取向，但如果没有共同思想基础，社会就会失去整合力量，共同思想基础是社会的方向盘和国家的稳定器。因而，任何社会都必须要有与经济基础和政治制度相适应、能形成广泛社会共识、凝聚全社会意志和力量的共同思想基础。

中国共产党带领中国人民进行了艰苦卓绝的顽强奋斗，形成了共同的思想道德基础——中国特色社会主义伟大旗帜。高举这面伟大旗帜，巩固团结奋斗的共同思想基础，就要深刻领会中国特色社会主义是由道路、理论体系、制度三位一体构成的。党的

十八大强调，中国特色社会主义道路是实现途径，中国特色社会主义理论体系是行动指南，中国特色社会主义制度是根本保障，三者统一于中国特色社会主义伟大实践，这是中国特色社会主义的最鲜明特色。坚持把法治文化建设融入新时期的高等教育发展，用法治建设支撑社会主义核心价值观的培育和践行，有利于坚持和发展中国特色社会主义，有利于助力青年学生凝聚价值共识、巩固全民共同奋斗的思想道德基础，有利于巩固马克思主义的指导地位。

马克思主义为法治文化建设提供了最高价值指导，决定着法治文化建设与新时期高等教育发展的性质和方向，同时为两者的融合发展提供方法论指导。可以说，新时期高校法治文化建设既需要马克思主义的指导，又可以巩固马克思主义的指导地位。

其一，马克思主义是我们党和国家的根本指导思想，是全国各族人民团结奋斗的理论基础。马克思主义为法治文化建设的培育践行，为社会主义法治道路建设提供唯物史观、辩证法等方法论指导，同时为法治文化建设和高等教育发展提供最高价值指导，保证法治文化建设和高等教育发展的社会主义性质、共产主义方向及理论的科学性①。以中国特色社会主义理论体系为例，我们党在新时期以来建设和发展中国特色社会主义创新实践中相继形成的马克思主义创新理论成果——邓小平理论、"三个代表"重要思想、科学发展观和习近平新时代中国特色社会主义思想等重大战略思想整合为一个统一整体，统称为"中国特色社会主义理论体系"。该理论体系丰富和发展了马克思主义，成为党和人民团结奋斗的共同思想基础。中国在总结改革开放 40 多年历史进程和宝贵经验的基础上，用马克思主义的立场、观点、方法科

---

① 沈贺：《马克思主义与社会主义核心价值观关系辨析》，《思想教育研究》，2015 年第 8 期。

学分析和回答了什么是社会主义、怎样建设社会主义，建设什么样的党、怎样建设党，实现什么样的发展、怎样发展，什么是治国理政、如何治国理政等重大理论和实际问题，在建设中国特色社会主义的思想路线、发展道路、发展阶段和发展战略、根本任务、发展动力、依靠力量、国际战略、领导力量和根本目的等重大问题上给出了科学的答案，是贯通哲学、政治经济学、科学社会主义等领域，覆盖经济、政治、科技、教育、文化、民族、军事、外交、统一战线、祖国统一、党的建设等方面的系统的科学理论体系。这一理论体系，为有效克服和战胜一系列风险和挑战提供了科学指南、根本遵循和锐利武器。可以看出，中国特色社会主义理论体系的生成和不断成长的过程是坚持马克思主义指导地位的结果。马克思主义的指导地位，根本上在于坚持马克思主义的世界观和方法论，掌握马克思主义的立场、观点和方法。2010 年 3 月，习近平在中共中央党校开学典礼上讲话指出："掌握和运用马克思主义立场观点方法来研究和解决中国的实际问题，是以毛泽东为主要代表的中国共产党人留给我们的传家宝。"①

其二，法治文化建设和高等教育发展，与巩固马克思主义的指导地位是一致的。马克思主义是我们的主流意识形态。推进全面依法治国，"积极培育和践行社会主义核心价值观，对于巩固马克思主义在意识形态领域的指导地位、巩固全党全国人民团结奋斗的共同思想基础……具有重要现实意义和深远历史意义"②。在新时期价值多元的时代背景下，高等教育的思想政治建设、社会主义核心价值观建设，一定要做好长期与反马克思主义、反社

---

① 习近平：《深入学习中国特色社会主义理论体系 努力掌握马克思主义立场观点方法》，《求是》，2010 年第 4 期。

② 中共中央办公厅：《关于培育和践行社会主义核心价值观的意见》，《人民日报》，2013 年 12 月 24 日。

会主义的价值观做斗争的准备。自马克思主义产生以来，就一直面对着各种诽谤、诘难和攻击；而在马克思主义指导下建立的社会主义制度，也从来没有一刻不遭受资本主义国家的打压。社会主义中国在成立之时就被资本主义国家敌视：受资本主义国家经济遏制、政治围堵、军事打击；进入 21 世纪，西方又对中国进行民主、自由、人权等所谓"普世价值"的输出。邓小平同志就认为反对资产阶级自由化是一个长期性的任务，甚至"在整个四个现代化的过程中都存在一个反对资产阶级自由化的问题"①。当前的"普世价值"只不过是资产阶级自由化的另外一种形式而已。所以，社会主义的大学校园必须要做好长期与反马克思主义、反社会主义的价值观做斗争的准备，在立德树人的进程中坚持与法治文化建设融合发展。

二、法治文化建设有利于坚定中国特色社会主义的共同理想

中国特色社会主义是全体中国人民的共同理想，是全党全国各族人民团结奋斗的共同思想基础。中国近代以来百年历史证明，只有社会主义才能救中国，只有社会主义才能发展中国。在当代中国，坚持社会主义就是坚持中国特色社会主义。中国特色社会主义是当代中国发展进步的根本方向，集中体现了最广大人民根本利益和共同愿望，既是实现社会主义现代化和中华民族伟大复兴的必由之路，也是创造人民美好生活的必然途径。只有中国特色社会主义的伟大旗帜，才能最大限度团结和凝聚全党全国各族人民共同奋斗。

中国特色社会主义是在改革开放新时期开创的，是在改革开放 40 多年一以贯之的接力探索中发展起来的，凝结了几代中国共产党人带领人民不懈探索实践的智慧和心血。在当代中国，只

---

① 《邓小平文选（第 3 卷）》，人民出版社，1993 年，第 208 页。

有中国特色社会主义能够引领中国发展进步，能够巩固全党全国各族人民团结奋斗的共同思想基础，最大限度地凝聚亿万人民群众为全面建成小康社会而奋斗，因此任何时候都不能削弱和丢掉这个优势。

中国特色社会主义既是历史的选择，也有充分的现实根据。在改革开放40多年探索中，正是因为我们党始终坚持把马克思主义基本原理同中国实际和时代特征结合起来，坚定不移高举中国特色社会主义伟大旗帜，既不走封闭僵化的老路，也不走改旗易帜的邪路，才能克服各种错误倾向，不断形成建设、改革的正确路线方针政策，不断开辟中国走向繁荣昌盛的正确道路；也正是因为我们党坚持用中国特色社会主义武装党员、教育人民，才能指引和鼓舞全党同志团结带领人民群众一往无前地为实现国家富强和民族振兴而奋斗。历史和实践一再证明，中国特色社会主义是我们最为独特、最具优势的竞争法宝和胜利保证，我们选择的发展道路是符合中国国情的，我们坚持的理论体系是与时俱进的，我们的制度是符合人民群众根本利益的。

中国特色社会主义理论体系不断汲取中华民族的优秀传统文化，不断借鉴世界各国优秀文明成果，不断在实践中创新发展，既体现了思想道德建设上的先进性要求，又体现了广泛性要求，既坚持了社会主义先进文化的前进方向，又具有广泛的适用性和包容性，是联结各民族、各阶层的精神纽带。在中国共产党领导下，新时期高等教育的发展、校园文化的建设，各种教学、科研活动都必须坚持走中国特色社会主义道路，为实现中国梦、实现中华民族的伟大复兴而不懈奋斗，这个共同理想集中体现了中国最广大人民的根本利益，表达了党和人民的共同愿望与目标追求，这是历史的选择、人民的选择、时代的选择。中国特色社会主义理论体系把党在社会主义初级阶段的目标、国家的发展、民族的振兴与个人的幸福紧密联系在一起，把各个阶层、各个群体的共同愿望有机结合在一起，有着广泛的社会共识，具有令人信服的必然性、广泛性和包容性，具有强大的感召力、亲和力和凝聚力，是引领、激励我们团结奋斗的巨大精神力量。我们的高等教育只有抓住中国特色社会主义理论体系这个根本，才能形成全社会共同的理想信念和价值取向，不断巩固党和人民奋斗的共同思想基础。

当前，我国经济社会发展已进入关键阶段，经济体制深刻变革、社会结构深刻变动、利益格局深刻调整、思想观念深刻变化，人们思想活动的独立性、选择性、多变性、差异性明显增强。在这种形势下，高校思想政治工作的首要任务就是坚持不懈地用中国特色社会主义理论体系指导教书育人全过程，把全党全国各族人民的思想和意志凝聚到中国特色社会主义伟大旗帜下，巩固团结奋斗的共同思想基础。

中国特色社会主义共同理想，是我国法治文化建设的基本内容之一。树立中国特色社会主义共同理想，突出了法治文化建设的主题。中国特色社会主义是当代中国社会发展进步的旗帜，是全党全国各族人民团结奋斗的旗帜。只有毫不动摇地坚持和发展中国特色社会主义，坚定中国特色社会主义才能发展中国的信念，才能树立中国特色社会主义共同理想，才能开启全面建设社会主义现代化国家的新征程，把我国建设成为富强、民主、文明、和谐、美丽的社会主义现代化国家，这就是现阶段我国各族人民的共同理想。

党的十八届四中全会强调，中国特色社会主义法治道路，是社会主义法治建设成就和经验的集中体现，是建设社会主义法治国家的唯一正确道路。党的十八届四中全会吹响了全面推进依法治国的号角，广大中国人民特别是青年学生，应当毫不含糊、立场坚定，不为噪音杂音所扰，不为错误思潮所惑，坚定不移地走中国特色社会主义法治道路，实现法治建设和高等教育的融合发展，推进高校治理体系和治理能力现代化，为实现"两个一百年"奋斗目标、实现中华民族伟大复兴的中国梦培养有用人才。

三、法治文化建设有利于提升青年大学生道德与法治信仰水准

党的十八大强调，全面推进依法治国，加快建设社会主义法治国家，是全面建成小康社会、实现中华民族伟大复兴中国梦的迫切要求。依法治国是党领导人民治理国家的基本方略，法治是治国理政的基本方式，要更加注重发挥法治在国家治理和社会管理中的重要作用①。习近平总书记强调要把法治思维和法治观念贯穿法治建设全过程，提高全民法治意识和道德自觉。法治和德治的关系是法安天下、德润人心。他提出要用法治解决道德领域突出问题；要加强相关立法工作，明确对失德行为的惩戒措施；要依法加强对群众反映强烈的失德行为的整治。对突出的诚信缺失问题，既要抓紧建立覆盖全社会的征信系统，又要完善守法诚信褒奖机制和违法失信惩戒机制，使人不敢失信、不能失信。对见利忘义、制假售假的违法行为，要加大执法力度，让败德违法者受到惩治、付出代价。首先，我们应该加强法治宣传教育，培育社会主义法治文化，弘扬社会主义法治精神，增强全社会学法、尊法、守法、用法意识。其次，强化道德对法治的支撑作用。重视发挥道德的教化作用，提高全社会文明程度。要在道德体系中体现法治要求，发挥道德对法治的滋养作用，努力使道德体系同社会主义法律规范相衔接、相协调、相促进。要在道德教育中突出法治内涵，注重培育人们的法律信仰、法治观念、规则意识，引导人们自觉履行法定义务、社会责任、家庭责任，营造全社会都讲法治、守法治的文化环境。再次，把道德要求贯穿于

---

① 《习近平谈治国理政》，外文出版社，2014 年，第 138 页。

法治建设中，实现两者的融合发展。法治中国建设凝聚了当代中国共同的价值规范和行为准则，也是当代中国文化软实力的重要组成部分，更体现了社会主义核心价值观的内在精神。法律法规要树立鲜明道德导向，弘扬美德义行，立法、执法、司法都要体现社会主义道德要求，都要把法治文化建设贯穿其中，使社会主义法治成为良法善治。要把实践中广泛认同、较为成熟、操作性强的道德要求及时上升为法律规范，引导全社会崇德向善。要坚持严格执法，弘扬真善美、打击假恶丑。要坚持公正司法，发挥司法断案惩恶扬善功能。习近平同志特别强调要发挥领导干部在依法治国和以德治国中的关键作用，要坚持把领导干部带头学法、模范守法作为全面依法治国的关键，推动领导干部学法经常化、制度化。领导干部也要努力成为全社会的道德楷模①。

习近平总书记强调，要提高全民法治意识和道德自觉。法律要发挥作用，首先全社会要信仰法律；道德要得到遵守，必须提高全体人民道德素质。要加强法治宣传教育，引导全社会树立法治意识，使人们发自内心信仰和崇敬宪法法律；同时要加强道德建设，弘扬中华民族传统美德，提升全社会思想道德素质。要坚持把全民普法和全民守法作为依法治国的基础性工作，使全体人民成为社会主义法治的忠实崇尚者、自觉遵守者、坚定捍卫者。要深入实施公民道德建设工程，深化群众性精神文明创建活动，引导广大人民群众自觉推进法治文化建设，树立良好道德风尚，争做社会主义道德的示范者、良好风尚的维护者。

青年大学生是社会主义事业接班人，他们的思想道德水平对于全社会的道德建设至关重要。笔者认为，提升当代大学生的道德与法治信仰水准，必须加强法治文化建设。

---

① 习近平：《坚持依法治国和以德治国相结合 推进国家治理体系和治理能力现代化》，《人民日报》，2016 年 12 月 11 日。

首先，强化法治文化建设对校园文化的支撑作用。巩固全党青年一代的思想基础，就必须紧密结合社会主义道德建设，把全面提高公民道德素质作为基本任务，着力培育知荣辱、讲正气、做奉献、促和谐的良好风尚。法治的运行归根结底是人的活动过程，须臾离不开道德教化。一个社会的和谐发展、一个国家的长治久安，在很大程度上取决于全体社会成员的思想道德素质。要强化道德对法治的支撑作用，很重要的一点，就是要发挥好道德的教化作用，促进公民明是非、辨善恶、守诚信、知荣辱，以道德伦理滋养法治精神。我们要树立文化自信，善于从中华优秀传统文化中吸取营养，在提升公众道德境界过程中，引导法治成为全社会的价值追求和行为模式，使在法治轨道上主张权利、解决纷争成为新的道德要求①。道德是内心的法律。法律需要认同和信仰，道德会引导人们认同和信仰法律，并在全社会营造出利于法律实施的文化环境。人类法治文明的历史演进已经昭示，缺乏德性支持的法律终究不能化为令人称道的法治。国家治理的根基是人民发自内心的拥护和真诚的信仰，法律如果不能在人们的内心和情感上获得普遍认同，那么即便是有国家强制力做后盾，也很难溶入他们的血液和灵魂，成为信仰，自觉遵从②。

其次，法律是社会良知和秩序的底线，要注重用法律的权威增强青年学生培育和践行法治文化的自觉性，以法治的力量推进道德建设。近年来，我国立法机构和相关部门将酒驾、家暴、不文明旅游等有违社会公德但部分群众认识模糊的行为，在法律制度层面予以更为明确的规范，有效促进了移风易俗，提高了社会文明程度。我们要以此为借鉴，进一步推动在立法、执法、司法

---

① 何忠国，等：《国家治理需要法律和道德协同发力》，《学习时报》，2016 年 12 月 22 日。

② 何忠国，等：《国家治理需要法律和道德协同发力》，《学习时报》，2016 年 12 月 22 日。

中体现社会主义道德要求，为青年学生确立是非对错标准、明确行为底线取向。坚持严格执法，对侵害公共利益、人民权益和社会秩序等行为及时予以遏制惩戒，促使当代大学生趋善避恶、扬善弃恶。坚持公正司法，依法惩处各种违法犯罪行为，让人们在每一个司法案件中都感受到公平正义。在立法上要善于及时把人们普遍认同的基本道德规范上升为法律规范，为规范的履行提供道德制约力和法律强制力双重保障。在执法、司法过程中，要通过制裁违约、违法，保护合法、守信，惩恶扬善，弘扬正气。同时要加大法律执行落实的力度，健全完善征信系统和执行威慑机制，执行惩戒机制，确保法律义务的及时履行，力戒"法律白条"，让败德失信者无所遁形，引导青年一代大学生崇德向善、重实守信风尚的形成。

再次，我们也主张不断提高青年学生的法治意识和道德自觉，着眼校园生活特点，在教学、科研、创业等各个环节深入开展法治宣传和道德建设工程；依托学生社区、社团组织、科研机构，统筹教学单位、志愿者等力量，在为广大师生近距离提供法律服务、法治宣传的过程中培养青年一代尊法、守法、用法的意识。广泛动员青春力量，鼓励引导道德模范、社会贤达等参与高校法治文化建设，妥善处理矛盾纠纷，树立正确是非观念，形成良好道德风尚；积极探寻和拓展法治文化传播的路径。充分发挥各种媒体的舆论引导作用，创新工作载体，以有效的传播取得青年学生的认同，使法治理念内化为大学生的价值追求，外化为行为自觉；要敏锐把握青年学生思想活动的新特点，洞悉其精神文化需求的新变化，利用信息传播与舆论引导的新工具，使推进法治文化建设的各类活动都能够展现鲜明的时代新风，以时代性提促实效性；既体现气势恢宏的宏大命题，也能够通地气、达人情。同时，更重要的是，要善于将社会主义法治文化的理论话语转换为日常生活的具体情境，贴近实际、贴近生活、贴近时代，引导当代大学生从日常生活的细节中感知意义、体验崇高、增进认同，注重春风化雨、润物无声。在当下社会发展情势下，高校法治文化建设要更加注重工作方式方法的灵活多样，充分运用各种新途径和新媒体，因地制宜、因势利导，注重各种宣传、建设活动中"形"与"神"的有机统一、深层融合，让大学生在如沐春风中高扬理想、升华境界，社会主义法治文化建设内化于心、外化于行的成效也会愈加突显。

第三章 高校大学生法治意识建设的创新机制

第一节 新时期高校大学生法治意识的基本现状

一、大学生法治意识是高校法治文化建设的重要基础

高校法治文化从属于中国特色社会主义文化，其建设重点在于增强高校师生的法律意识，形成法律思维，促进学校物质文明和精神文明的共同发展与进步，最终实现人的全面发展。大学生法治意识作为高校法治文化建设的工作内容之一，是高校法治文化建设的重要基础。

第一，大学生法治意识是高校法治文化建设的基本内容。高校法治文化建设主要是各个高校按照国家相关教育法律法规和高校内部规章制度的要求，在法定权限范围内依照法定程序处理学校各项事务，由此提升高校师生员工的法治理念，形成高校法治文化的气息和氛围，实现高校管理的合理化、合规化，切实达到依法治校的宗旨①。由此我们可以看出，大学生法治意识的提升是高校法治文化建设的重要工作内容，大学生法治意识的高低是衡量高校法治文化建设水平的依据之一。

第二，大学生法治意识是高校法治文化建设的重要保障。无

---

① 彭丽明：《高校法治文化建设的困境与出路》，《科教文汇（下旬刊）》，2017年第 7 期。

论是高校各项制度的实施还是各类法治课程的开设，大学生均作为重要参与对象贯穿其中。大学生法治意识的高低直接决定其对各项法治课程及学校各项规章制度的重视程度：法治意识强的同学往往能够自觉深入学习法治课程并将其所读所学运用到实际学习和生活中，对于学校各项规章制度也能够从内心认可其约束力，并自觉遵守和践行，进而推动高校法治文化建设的实施进程。反之，法治意识弱的同学对于高校各项制度及法治课程则较为轻视，违反校规校纪的情况时有发生，进而阻碍高校法治文化建设的实施进程。

第三，大学生法治意识是评价高校法治文化建设的重要标准。既然大学生法治意识培养是高校法治文化建设的内容之一，其自然成为评价高校法治文化建设成果的重要标准。大学生法治意识增强，对于国家各项法律文件有初步了解，能够正确辨别权益是否受到侵害并知道如何采取合理有效的法律途径维护自身合法权益，这表明高校法治文化建设效果初显。反之，如若大学生权益受损而不自知抑或虽然知道权益受损却选择忍气吞声，并将其视为一种耻辱而放弃寻求救济，这就在一定程度上表明高校法治文化建设并没有达到预期目标，整体效果偏差。

二、当下大学生法治意识的构成要素

大学生法治意识并不仅仅是一个纯粹的词语，而是一个由多种要素组成的特殊系统，具体包含法律知识、法治信仰、权利意识、守法意识和用法能力五个方面。

（一）大学生的法律知识

法律知识是法治意识的载体，是法治意识的前提，是大学生法治意识中必不可少的组成部分。法律知识一般由理论性法律知识、普及性法律知识和专业性法律知识三部分组成。

1. 理论性法律知识。理论性法律知识指的是大学生对于法律知识理论层面的认知，包括对于习近平法治思想、中国特色社会主义法治理论、依法治国理念、法治国家进程及我国立法和法律实施等基础性理论知识的了解和掌握。

2. 普及性法律知识。普及性法律知识是指大学生通过国家各项普法活动所了解到的法律知识。我国设有中国普法网、教育部全国青少年普法网等官方性普法网站，法律讲堂、普法栏目剧、普法微博账号、普法微信公众平台等多种形式相互依托，共同筑建我国普法体系，推动普法工作顺利进行。此外，高校每年进行的宪法日宣传及法学知识进校园等活动也是法律知识宣传的有效手段。

3. 专业性法律知识。高校是大学生获取专业性法律知识的重要阵地。当前，我国大学生专业性法律知识主要是指两个方面：一方面是指高校法学专业的学生通过专业性课程学习对于专业课程的理解和把控；另一方面是指高校非法学专业学生对于与本专业密切结合的法律知识的储备和运用，例如理工科专业的学生应多关注知识产权法相关规定，行政管理专业的学生应主动学习行政法方面的法律知识，财税专业的学生要加强对于税法方面的法律知识的学习，等等。

（二）大学生的法治信仰

法治信仰是人们对法律毫无怀疑的信服与崇拜，是社会主体对公平正义的理想追求和在自身体验基础上油然而生的一种认同感和归属感。法国著名思想家卢梭曾经说过，一切法律中最重要的法律，既不是刻在大理石上，也不是刻在铜表上，而是铭刻在公民的内心里①。这句话之所以能够成为经典并为各个国家所引用，其主要原因就在于卢梭道出了一个国家法治进程的关键所

---

① 楚向红：《中国共产党依法治国的历程与基本经验研究》，华中师范大学博士学位论文，2017 年。

在。法律作为调解社会关系的重要工具，其只有被公众信仰，为公众信服，才能真正在公众心中形成约束力。大学生的法治信仰主要包含以下内容：

1. 对于中国特色社会主义法治理论的信仰。中国特色社会主义法治理论包括：习近平法治思想理论；社会主义制度化、法律化和程序化理论；依法治国，建设社会主义法治国家、法治政府、法治社会理论；中国特色社会主义法治的核心价值理论；党的领导、人民当家作主和依法治国的有机统一理论；依法治国和以德治国相结合的理论；推进法治中国建设、促进国家治理体系和治理能力现代化理论；中国特色社会主义法治体系理论和良法善治理论；依法治国和改革开放的关系理论。大学生对中国特色社会法治理论的认同与坚持，直接决定了其对中国特色社会主义法治的信守，是高校法治文化有序推进的思想基础。

2. 对于中国特色社会主义法律体系的信仰。中国特色社会主义法律体系是以宪法为统帅，以法律为主干，以行政法规、地方性法规为重要组成部分，由宪法及其相关法、民商法、行政法、经济法、社会法、刑法、程序法等多个法律部门组成的有机统一整体①。中国特色社会主义法律体系，是中国特色社会主义伟大事业的重要组成部分，是全面实施依法治国基本方略、建设社会主义法治国家的基础，是新中国成立 70 周年特别是改革开放 40 多年来经济社会发展实践经验制度化、法律化的集中体现。它的形成体现了中国特色社会主义的本质要求，体现了改革开放和社会主义现代化的时代要求，体现了结构内在统一而又多层次的国情要求，体现了继承中国传统文化和借鉴人类法治文明成果的要求，体现了动态、开放、与时俱进的社会发展要求，是中国社会

---

① 中华人民共和国国务院新闻办公室：《中国特色社会主义法律体系》白皮书，2011 年 10 月。

主义民主法治建设的重要里程碑①。大学生对中国特色社会主义法律体系的认同和坚持，直接决定了其对中国特色社会主义法律制度的理解与遵循，是高校法治文化建设的重要支撑。

3. 对于中国特色社会主义法治体系的信仰。中国特色社会主义法治体系是指在中国共产党领导下，坚持中国特色社会主义制度，贯彻中国特色社会主义法治理论，形成完备的法律规范体系、高效的法治实施体系、严密的法治监督体系、有力的法治保障体系，形成完善的党内法规体系，实现科学立法、严格执法、公正司法、全民守法，促进国家治理体系和治理能力现代化。对于中国特色社会主义法治体系的了解，有助于大学生对中国特色社会主义法治体系的认同，从而推进高校法治文化的快速建设。

4. 对于建设社会主义法治国家的信仰。1997 年党的十五大正式将依法治国作为党领导人民治理国家的重要方略，1999 年宪法修正案明确提出"建设社会主义法治国家"的目标②。之后，党的历次全国代表大会和若干次中央全会以新的观点丰富与深化了依法治国和法治国家理论，特别是党的十八届四中全会在做出全面推进依法治国方略战略部署的同时，全面推进了依法治国和法治国家理论的创新发展。建设法治国家，必须坚持依法治国、依法执政、依法行政共同推进，坚持法治国家、法治政府、法治社会一体建设。建设社会主义法治国家，必须将"一个共同推进"和"一个一体建设"有机结合起来，更加重视法治建设的整体推进和协调发展，更加重视调动各方面的积极性和主动性③。

---

① 安璐科：《中国特色社会主义法律体系的形成研究》，西华大学硕士学位论文，2012 年。

② 《中华人民共和国宪法修正案（1999 年）》：第十三条宪法第五条增加一款，作为第一款，规定："中华人民共和国实行依法治国，建设社会主义法治国家。"

③ 杨信礼：《习近平新时代中国特色社会主义思想的价值观》，《马克思主义哲学论丛》，2018 年第 4 期。

对于建设社会主义法治国家的认知水平和认同感，直接影响到其对建设社会主义法治国家战略实施的认识，是推进高校法治文化建设必须关注的重要课题。

大学生是社会主义先进文化的传承者与践行者，是中国法治文化建设的践行者与推动者。大学生将来要走出校门，走进社会。因此，大学生对法治的真诚信仰、对法治事业的热心拥护，将能够有效带动全社会形成知法、守法、用法的良好氛围，最终将大力推进依法治国全面有序展开①。法律知识只有被信仰，才能引导大学生自觉遵守法律规定，正确行使权利，切实履行义务，当权利受到侵害时能够正确使用法律维护自身合法权益。

（三）大学生的权利意识

权利是权利主体依法享有自己为或不为，或者要求他人为或不为的可能性。权利意识就是对于权利的认知，即对于权利的认知及如何行使的认识、理解，其主要包含以下四个方面的内容：

1. 针对自我的权利意识。针对自我的权利意识主要指大学生针对自身的行为所具有的权利意识，即大学生可根据自己的意愿为一定行为或不为一定行为，而不用担心受到谴责和惩罚。例如，大学生享有选举权，其依法具有选举国家代表机关的代表与其他公职人员的权利，任何人不得以民族、种族、性别、职业、家庭出身、宗教信仰、教育程度、财产状况、居住期限为由，剥夺其选举权利。再比如，大学生对于自己独立设计完成的美术作品依法享有发表权，有权自主决定放弃将该作品发表，而不受他人干涉。

2. 针对他人的权利意识。针对他人的权利意识主要指大学生针对他人的行为所具有的权利意识，即大学生为确保自身利益的实现，可要求他人在对应的义务范围内为一定行为或不为一定行

---

① 李慧：《树立青年大学生的法治信仰》，《思想政治工作研究》，2015 年第 10 期。

为的自由。例如，网络购物的兴起，使得大学生不断涌入网购大军，在购物过程中享有"七天无理由退换货"的权利，当产品质量出现瑕疵，大学生有权联系淘宝卖家退货并要求淘宝第三方退款。

3. 权利边界意识。权利边界意识是指大学生对于权利范围及限度的认知，不能因为其享有某项权利就可以无所顾忌、不受任何约束。大学生权利边界意识主要有两层含义：一是大学生要在法定范围内行使权利，一旦超越法律边界，"权利"将不再是权利。二是大学生超越权利边界行使权利，其实质是对他人权利的侵犯，将面临一定惩处，承担相应的法律责任。

4. 权利与义务的对等意识。权利与义务的对等意识是指大学生应明确知道其权利与义务对等，在法治社会中既没有无权利的义务，也没有无义务的权利，两者不可偏废。大学生在积极行使权利的同时也要注重履行其法定义务。

（四）大学生的守法意识

大学生守法意识是指大学生能够坚持以法律作为自己的行为准则，依照法律行使权力、履行义务的活动的自觉，其主要包含积极守法意识和消极守法意识两方面的内容。

1. 大学生积极守法的意识。大学生积极守法的意识主要指大学生以维权为中心的有限守法观，即大学生能够积极主动地行使法律授予的权利，维护自身的合法利益。

2. 大学生消极守法的意识。大学生消极守法的意识主要指大学生以服从为中心的消极守法观，即大学生在正常生活和学习中，能够严格遵守法律的规定，约束自己不去做法律法规不允许的事情。消极守法意识是传统的守法观念，表现为消极被动履行法律义务，虽然不去触碰法律的底线，但对于侵犯自身权益的事情也不去做积极反抗。

守法的状态是指人们对于法律的遵守程度，包括守法的最低状态、守法的中层状态和守法的高层状态三个部分。守法的最低状态是不违法犯罪。守法的中级状态是依法办事，形成统一的法律秩序。守法的高层状态是守法主体不论是外在的行为还是内在的动机都符合法的精神和要求，严格履行法律义务，充分行使法律权利，从而真正实现法律调整的目的①。虽然目前我国大学生的守法意识还有不违法犯罪这种守法最低状态的存在，但是随着我国法治化进程的发展，我们能够看到守法意识带来的守法中层和高层状态的向好趋势也逐步明晰。

（五）大学生的用法能力

大学生的用法能力主要指大学生在社会生活实践中运用平日所积累的法律知识来分析解决问题、规范指导行为并且能将其法治自律外化为相应法律行为的能力。大学生的用法能力主要包含法律思维能力和法律实践能力。

1. 法律思维能力。法律思维能力是指大学生在遇见法律相关的事件时，能够运用社会主义法治的逻辑来观察分析和解决社会问题。在实际案例中，面临同样的问题，不同的人会有不同的解决方式。以频发的校园诈骗案为例，不具有法治思维的大学生缺乏理性的判断能力，从一开始就容易落入诈骗者设定的圈套。事后又觉得遭人诈骗是一种愚蠢的丢人行为，羞于让同学、老师知道，最终忍气吞声、自认倒霉，任由犯罪分子逍遥法外。而具有法治思维的大学生凭借通过普法宣传活动或者自身学习研究所获得的法律知识，在诈骗行为开始时就具有比较强烈的警惕意识，能够甄别出诈骗行为的存在，从而不会按照诈骗行为者的要求进行相应行为，导致犯罪分子从一开始就不易得逞。进一步讲，现在校园诈骗手段越来越多样化，大学生很难透过虚伪的表面窥探犯罪分子真实的诈骗意图。但是当诈骗行为发生后，具有法治意

---

① 占茂华：《法理学视角下的守法概念解读》，《家教世界》，2014年第4期。

识的大学生往往能够意识到运用法律维护自身的合法权益，强烈的维权意识能够让学生选择勇敢大胆地面对。

2. 法律实践能力。法律实践能力具体包含两方面的内容：一方面是指大学生能运用法律知识解决实际法律问题的能力；另一方面是指大学生在自律和他律的作用下将法治意识转化为外在行为的能力。前者主要体现在当法律问题真实出现时，具有较强法治意识的大学生知道应该在什么时间向什么部门根据什么路径行使自己的法律权利，并能够依靠其理性的法律思维配合相关部门去争取自己的合法权益；后者则主要侧重于大学生真正将法治意识内化于心并外化于行。法律意识是一种思维存在，只有将其与实际行动紧密结合时才能有效发挥其作用，真正为大学生维权提供实质性帮助。相对法治思维能力，法律实践能力实质上是对大学生提出了更高的要求。也许多数大学生能够主动地学习法律知识，并且可以运用法律思维去缜密地思考，但是面对纷繁复杂的社会关系及时刻变化的社会动态，其由于不谙世事的年纪所持有的强烈自尊心，由于社会经验不足导致的信心缺失，说服自己并战胜自己将是一个巨大的挑战。

大学生法治意识的五个构成要素之间既相互协调又相互制约，共同构成了完整的大学生法治意识体系。任何一个要素都不可脱离其他要素而孤立存在，大学生务必认识到这种关系的重要性，不可顾此失彼。

三、大学生法治意识的实践状况

（一）大学生法律知识学习情况（见图 3-1 至图 3-4）

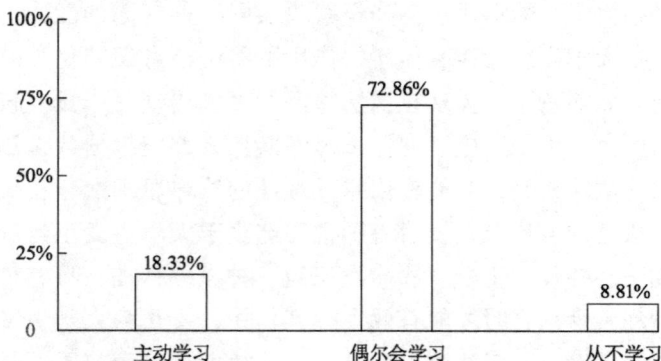

图 3-1　大学生法律知识学习情况调查（1）

　　面对"你会在生活中自主获取一些法律知识吗"这一问题，有 18.33% 的同学选择主动学习法律知识，72.86% 的同学选择偶尔会学习法律知识。由此可以看出，大部分同学学习法律知识的意识还是存在的，是一种向好的趋势。但是不可否认的是，仍有8.81% 的同学表示从不学习法律知识。

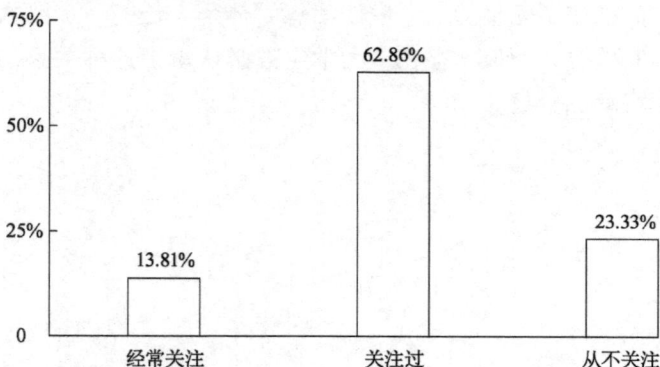

图 3-2　大学生法律知识学习情况调查（2）

面对"你经常关注国家新出台或修订的法律法规吗"这一问题，13.81%的同学表示 经常关注国家新出台或者修订的法律法规，62.86%的同学表示关注过，但是仍旧有23.33%的同学表示从不关注这方面的内容。

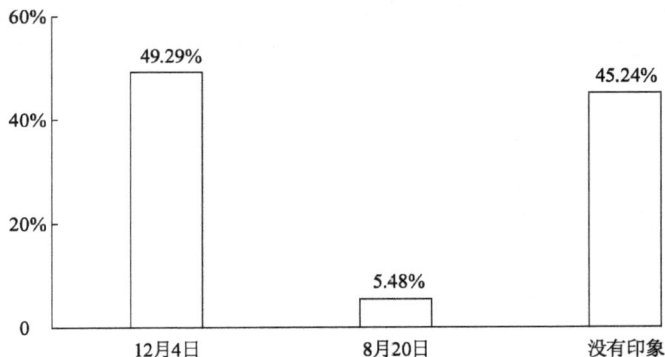

图3-3　大学生法律知识学习情况调查（3）

面对"你知道国家宪法日是哪天吗"这一问题，49.29%的同学能够准确选出国家宪法日，选错的同学占5.48%，但仍有45.24%的同学对于国家宪法日没有什么印象。

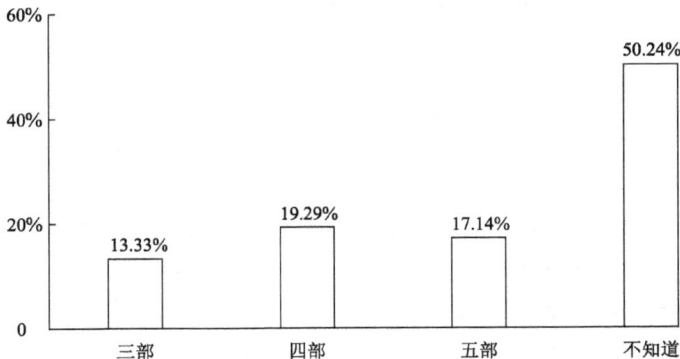

图3-4　大学生法律知识学习情况调查（4）

面对"我国共颁布了几部宪法"这一问题，能够准确选出我国颁布了四部宪法的占 19.29%，选三部的占 13.33%，选五部的占 17.14%，不知道的占了 50.24%。

综上，大学生学习法律知识的意识在不断提升，但是对于国家宪法日这种最基本的法律常识认知的不足及少部分大学生根本不学习法律知识、不关注国家法律文件的现象应该引起国家和高校的高度关注。

（二）大学生法治信仰情况（见图 3-5、图 3-6）

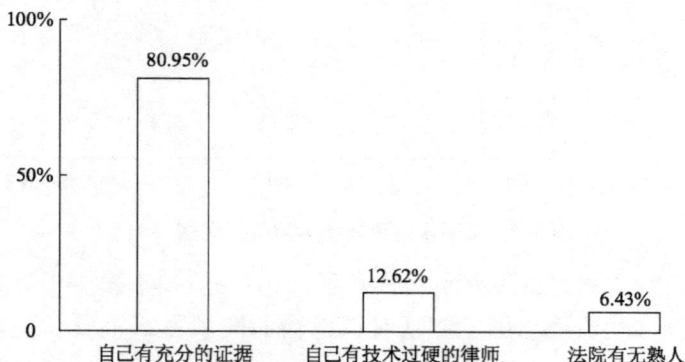

图 3-5　大学生法治信仰情况调查（1）

面对"你认为在打官司的过程中赢得官司的主要原因是什么"这一问题，80.95% 的同学认为自己是否有充分的证据是能否赢得官司的主要原因，12.62% 的同学则认为自己是否有技术过硬的律师决定了自己能否赢得官司，这表明大学生的基本法律取向是正确的。但还是有 6.43% 的同学寄希望于法院有无熟人。

面对"社会出现'民告官'的现象，你怎么看"这一问题，44.52% 的同学表示这样做获胜机会很小，28.81% 的同学认为如果证据充足的话，也可取胜。此外，选择有法可依的占 25.72%，选择无法无据的占 0.95%。

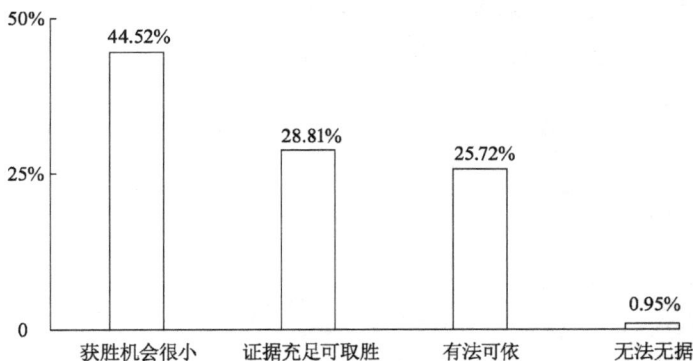

图3-6　大学生法治信仰情况调查（2）

综上，无论是传统的"熟人好办事"的思想，还是"民告官"现象获胜几率渺茫，都在表明部分大学生还没有完全信任法律，没有从内心认为法律可主持一切公平正义，法治信仰还处在较低阶段。

（三）大学生权利意识情况（见图3-7、图3-8）

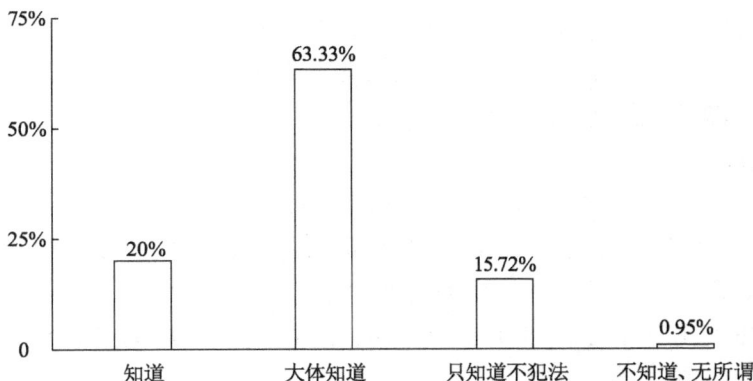

图3-7　大学生权利意识情况调查（1）

面对"你清楚地知道自己有哪些权利义务吗"这一问题，20%的同学表示知道并且其行为就是根据这个来确定的。此外选择不知道、无所谓的占 0.95%，选择大体知道自己有哪些权利义务的占 63.33%，选择只知道不犯法的占 15.72%。

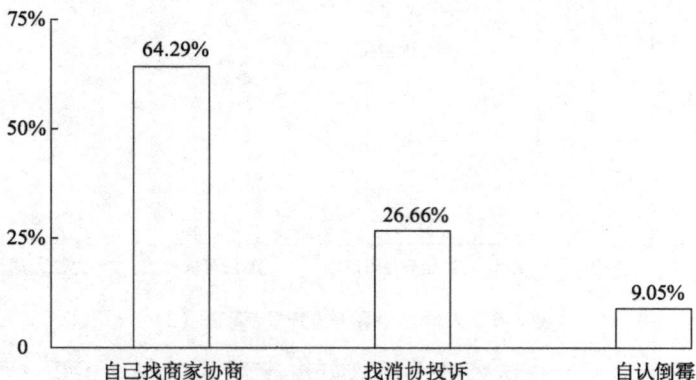

图 3-8　大学生权利意识情况调查（2）

面对"请问你如果购买到假冒伪劣商品，你会采取以下哪种措施"这一问题，64.29% 的同学表示自己找商家协商，要求其进行退换，26.66% 的同学选择找消协投诉，让其来协调解决。最后，还有 9.05% 的同学选择自认倒霉，忍气吞声。

综上，多数大学生只是大体知道自己的权利义务，但是面对权利被侵害，仍然有同学选择默不出声，放弃维护自身合法权益。

（四）大学生守法的原因（见图 3-9）

面对"你遵守法律最主要的原因是什么"这一问题，43.33% 的大学生选择遵守法律可创造公平的机会，46.19% 选择公民具有遵纪守法的责任，10.48% 的同学选择法律具有至高无上的权威。

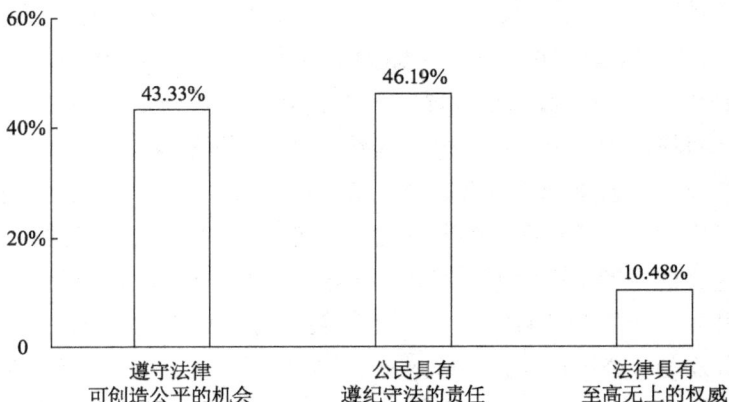

图3-9　大学生守法的原因调查

　　不同的学生有不同的原因。我们可以看到仅有少数的学生选择了遵守法律的原因是因为法律具有至高无上的权威，这决定了在今后的高校法治文化建设中，我们还应该着重提高大学生的法律权威意识。

第二节　高校大学生法治意识缺失的理论反思

一、高校大学生法治意识缺失的重要影响

　　高校大学生是社会进步的主要推动者，是社会秩序的重要守护者，承担着建设国家的重要责任，其法治意识的缺失对于其个人、社会乃至国家都具有重大不良影响。

　　首先是高校大学生法治意识的缺失对于大学生自身的影响。高校大学生最基础的社会属性就是"人"，其处于复杂的社会关系纽带之中，时时刻刻都会与他人产生关联，冲突乃至法律问题的发生在日常生活学习中颇为常见。良好的法治意识首先能够帮助其与周围同学和老师保持理性的相处模式，面对冲突和摩擦时

能够冷静分析，正确对待。近年来，高校恶性事件时有发生，2004 年马加爵事件、2009 年郭力维校内杀人案、2010 年药家鑫案、2011 年丽江女大学生杀人碎尸案、2013 年复旦大学研究生饮水机投毒事件……作案手段残忍，令人不寒而栗，真相让人痛心疾首。同窗惨死，自己锒铛入狱。身为大学生，如果他们拥有足够的法治意识，在面临同学之间冲突的时候能够保持冷静，或许这样的惨案不会发生。再者，高校大学生最终要离开校园，走向社会，而社会拥有着一个比校园关系复杂百倍的巨大关系网，倘若高校大学生此时还不能培养足够的法律意识的话，那么等待他们的惩罚将会更多、更严厉。

其次是高校大学生法治意识的缺失对于社会秩序的影响。根据官方统计，2008 年全国普通高校毕业生人数为 559 万人，2018 年，全国普通高校毕业生人数达 820 万人。十年的时间，全国高校毕业生人数增长了 261 万。更有报道称，2019 年全国普通高校毕业生人数预计达到 834 万人①。每年大量的高校毕业生涌入社会，对于社会秩序的管理将是一个巨大的挑战。高校大学生受过高等教育，对于现代科技技术有着良好的认知，如若其将所知所学为社会做贡献，那将促进社会更好更快地发展。反之，如果其法治意识淡薄，为追求一时之利铤而走险走上违法犯罪的道路，那将严重扰乱社会公共秩序。

最后是高校大学生法治意识的缺失对于国家法治进程的影响。一直以来，我国致力于建设社会主义法治国家，而掌握先进科学知识的高校大学生是推动我国法治进程的重要力量。就目前来看，很多高校都设有法学院，法学院的学生毕业后大多走向法

---

① 中商产业研究院：《2019 届全国高校毕业生人数将达 834 万人 再创近 10 年人数新高值（附历年毕业生人数统计）》，http：//www. askci. com/news/chanye/20181224/1507511139146. shtml.

院、检察院、律所或者其他法律相关行业，非法学专业的学生也可加入公务员队伍成为国家法治的执行者，为国家法治建设添砖加瓦。法治建设中，机遇和挑战同时并行，需要注入更多新鲜血液来适应新的发展趋势，高校大学生法治意识的缺失将严重影响高校大学毕业生正确运用其法律知识、分析并解决实际法律问题的能力，也就无法有效推进我国法治进程。

二、高校大学生法治意识缺失的主要原因

高校大学生法治意识的缺失并非一日形成，也并非单一因素导致，而是多种因素叠加后长期作用的结果。大学生自身的特点、学校教育的影响、网络和舆论的影响、家庭教育的影响及法律层面的影响，都是高校大学生法治意识缺失的重要原因。

（一）大学生自身的特点

影响大学生法治意识缺失的原因有很多，但是究其本源，大学生自身的特点是导致这种意识缺失的最根本因素。我们主要从大学生心智、大学生阅历及大学生自律意识方面进行详细分析。

1. 大学生心智不成熟现象普遍存在。进入大学，学生最大的变化就是暂时脱离了家长的直接监管，在具体行为上比高中生拥有了更多的自由，生活和学习的很多方面可以自主决定而不是像高中时那样由父母代劳，呈现出一种迈向成熟化表象。但是，正是这样一种身份上的转变，让大学生有一种心理误解：自己已经长大成人，很多事情能够依靠自己所学的知识自行处理。此外，由于多数大学生为独生子女，自尊心强，个人事务不喜欢他人多加干涉，因而在做决定的时候常伴随较大的主观性。这两种心理的叠加，使得大学生在处理问题的时候无法全面辩证地去看待问题，进而无法采用较为成熟的方式来分析处理眼前的困境。

2. 大学生的判断能力不够强。大学生自身阅历较浅，面对具体事件缺乏正确的判断能力。大学生步入大学校门之前，多数时

间处于高中校园环境中。高中校园关系较简单，高中生社会阅历较少，使得高中生在思考问题的时候无法全面把控，面面俱到。步入大学、摆脱高中封闭式的教学环境后，强烈的好奇心使其向往与外界进行交流，但是又由于自身阅历不足，对外界信息缺乏明晰的思考，往往容易陷入他人设计好的圈套之中。

3. 大学生自律意识较差。自律是指在缺乏外在约束力的情况下行为人依靠自身意志力对自身行为的规范。沉迷于网络游戏、上课肆意玩手机、应付教学作业、考试作弊等都是大学生自律意识差的表现。

（二）学校教育的影响

截至目前，我国的法治教育已经取得了一定的进步，并且正处于持续发展进程中。全面依法治国理念的实践，对于高校的法治教育提出了更高的要求。在法治教育中，高校所承担的角色不仅仅只是一个法治理念的输出者，还应是一个法治实践的积极推动者。作为学校，教书育人是其重大使命，使学生在一个良好的法治氛围中成长成才更是其主要责任。深化培养大学生法治意识，不仅仅是停留在当前的主要任务，更是高校法治教育今后继续不断努力的方向。

虽然国家和社会的发展希望当代大学生拥有强烈的法治意识，在各项活动中均能够遵循宪法和法律，在法律规定的范围内积极行使自己的权利，自觉履行自身的法律义务，用实际行动践行全面依法治国理念，热切投身于建设社会主义法治国家进程中。然而实际上的情况却是，目前校园贷、套路贷、网络刷单现象频发，部分大学生甚至做出严重违反法律法规的行为，可见高校的法治教育并未达到很好的效果。就目前而言，高校大学生法治教育主要存在以下三个方面的问题：

1. 高校教学途径较为单一，教学内容缺乏针对性与现实性。以"思想道德修养与法律基础"课程为例。目前，"思想道德修养与法律基础"课程是我国高校对大学生进行法治教育的主要方式，且课堂教学以老师讲、学生听为主。此外，在大部分学校，"思想道德修养与法律基础"是一门全校必修课程，因而往往采取大班授课的方式进行，来自不同学院、不同专业的上百名学生共聚一个教室，教师无法兼顾到每一个人，课堂互动无法有效进行。加之一些大学生自我控制能力较差，借助大班授课提供的"有利条件"，做出在课堂上玩手机、打游戏等诸多与课堂无关的事情。令人惋惜的是，这种情况的肆意发展，使得学生甚至是老师产生了心理上、态度上的严重转变：一方面，学生认为"思想道德修养与法律基础"这门课是一门可有可无的课程，学或者不学对于自己在大学中的发展都没有特别大的影响，而且很多是开卷考试，到时候随便抄抄看看即可。另一方面，教师由于学生的不用心学习、懒散无所谓的学习态度，其课堂讲授效果一直下降的情况会使之逐渐淡化授课热情。另外，还值得关注的是，由于课时安排的原因，授课老师在讲授法治教育相关课程时往往只能给学生传授一些基本的法律知识，但是这些基本的法律知识多为理论，内容较为枯燥，因而无法有效调动学生学习的积极性。其实在法治教育过程中，基本知识是基础，建立在基础知识上的理论知识拓展与实际案例运用分析才是更为重要的部分。但是部分高校由于缺乏有效的课堂互动、课时有限等问题，法治教育往往具有很大局限性。

2. 法治教育考核方式单一，学生应试化心理严重。目前，各高校的法治教育考核形式多为笔试，开卷考试或是闭卷考试，像"思想道德修养与法律基础"这样的大班课程也多以开卷考试为主。学期开始，学生对于所学课程的考核方式多有好奇，授课老师也多会主动将考核方式告知学生。在学期初就知道将来期末的考试为开卷考试，这让学生从一开始就抱着不紧张、不担心的放松心态，课上不认真听讲，临近期末随便抄抄写写的心理较为普遍。从目前各高校的考试试卷来看，考试问题多集中于课上老师讲过的基础理论知识，学生很容易在课本上或者老师分享的课件中找到答案；即使是有些学校的法治教育采用闭卷考试形式，也多以考察学生的记忆和背诵能力为目的，试题多以简单的问答形式为主，从而忽略了学生本应该提升的理解和分析问题的能力。考前临时抱佛脚，突击考试内容，死记硬背可能出现的考点……这已成为高校大学生考试临近的常态。最让人感到遗憾的是，期末考试的结束同时也意味着之后的大学生活中学生不会再与这本书有任何交集。临时突击背诵的知识像是被大雨冲刷过的土地一般，随着考试的结束，知识也便随之而去了。

3. 在法治教育实践中重义务，轻权利；重记忆，轻实践。在诸多高校的法治教育实践中，往往过分强调学生的法定义务。在学校，强调学生要遵守各项法律法规，不能随意在网上发表无根据的言论，污蔑诽谤他人；在社会中，强调学生要遵守交通法律法规，取得驾照的同学更要时刻秉承"尊重法律，尊重生命"的原则谨慎驾驶车辆，严禁醉酒驾驶机动车；在家庭中，因为大学生已经为成年人，应主动承担起赡养老人的法定义务，承担为人子女的责任……很长时间以来，学生好像都处在一种"法律规定应该怎样"及"法律禁止怎么样"的观念中，对于"法律规定可以怎样""这样做是法律赋予公民的一项法定权利"这些观念较为淡薄。另外，在高校的法治教育中，对于学生法治意识强弱的检测方式较为单一，学校倾向于用考试来测验学生的法治意识，用分数的高低作为评判学生是否掌握学校法治教育成果的重要标准。这种模式下，学生用背诵记忆的知识点足以在学校的考试中取得较为优异的成绩。但法治教育的最终目的不是试卷纸上那一个个高分成绩，而是让学生利用在学校学到的法律知识去处理日常生活中遇到的纠纷与冲突，让学生在遇到具体问题时不是病急乱投医，而是在理性思维的支配下、在法律知识的支撑下合理正当地解决问题，维护自身合法权益。

（三）网络与舆论的负面影响

互联网给我们带来的最大变化和便利就是"足不出户，天下尽知"。加上微信、QQ、微博及近年来广泛兴起的抖音等现代信息传递工具的作用，可以说信息在互联网时代得到了最为广泛的传播。在互联网时代，其实我们每个人时刻都在扮演着"信息接收者"与"信息传播者"的角色，微信朋友圈像是一个强大的信息中转站，能够在一瞬间将重要的国家政治信息、社会政策信息及法律法规信息传到千家万户。但是无可否认的是，互联网的兴起是一把双刃剑，有人利用互联网传播社会正能量，就有不法分子利用互联网传播恶性信息。大学生群体由于缺乏必要的社会经验，是较容易接收互联网不良信息并且容易受不良信息影响的群体，因而成为网络不法分子行凶作恶的主要对象。

1. 大学生成为传销组织的误入者。近年来，大学生误入传销组织的消息充斥着各大新闻媒体网站，引发了社会的广泛关注。大学生进入传销组织有两种形式：一种是线下进入传销组织，另一种是线上从事传销活动。对于第一种形式，大学生进入传销组织，或者是自己进入，抑或是受他人引诱，更有甚者竟然是通过自己的同学和校友进入的。这种传销组织往往是通过隐蔽的线下方式利用组织成员秘密进行人员召集。第二种形式是随着互联网及网络微商的兴起逐步发展起来的。名义上打着直销的旗号，实际上在变相地行传销之实。相比于传统的线下传销，这种线上传销利用网络信息的快速传播及发动对象对于"直销"与"传销"的模糊认识，其传销组织涉猎范围之广、危害之大令人发指。其实我国《刑法》为打击传销组织，明文规定了传销组织的作案手法及组织特点①，普法宣传及各类电视节目均在以各种形式提醒大学生防范传销组织。但是每年仍旧有大学生身陷其中，不能自拔。大学生是跟互联网关系较为紧密的一个社会群体，其接受的高等教育及其对各种通信工具的使用，使其具备了基本的辨别能力。但是如若其法治意识淡薄，对于此类信息视而不见，对于这种社会现象听之任之，毫不关心，那么悲剧也有可能一次次重演。

2. 大学生成为网络诈骗案件的主要受害者。网络诈骗一直是备受社会关注的问题，大学生的猎奇心理使其对于网络世界的各种新鲜事物充满好奇，犯罪分子则恰好利用这种心理进行各种各样的网络诈骗。现如今，网络购物已经成为多数大学生的购物首选，但是这有时反倒成了网络诈骗分子发财敛财的重要渠道。曾经有一起真实案例，学生晚上大约十点接到自称是淘宝某商家（知名品牌）的客服来电，称该同学原来在其店里购买的一件商品现在回馈客户，将退还原来价款的50%给客户，客户只需要按照他们提供的微信号加上对接工作人员即可收到退款。当时这位同学首先觉得时间不对，没有任何淘宝客服会在晚上十点联系客户，而且这件商品已经买了半年之久，之前买的时候就已经是打折产品，这个时候显然说不通。于是该同学借机让客服晚些再打过来，直接在淘宝上联系商家，询问是否有折扣返还的事件。通过商家得到官方回复后，该同学直接拉黑了该来电号码，彻底断绝了之后的诈骗过程。后来询问该学生为什么当时能够这么

---

① 《中华人民共和国刑法》第224条规定：组织、领导以推销商品、提供服务等经营活动为名，要求参加者以缴纳费用或者购买商品、服务等方式获得加入资格，并按照一定顺序组成层级，直接或者间接以发展人员的数量作为计酬或者返利依据，引诱、胁迫参加者继续发展他人参加，骗取财物，扰乱经济社会秩序的传销活动的，处五年以下有期徒刑或者拘役，并处罚金；情节严重的，处五年以上有期徒刑，并处罚金。

理性，其称是对于网络诈骗方式有些许了解，对于天上掉馅饼的事情也持怀疑态度，所以才能躲过诈骗分子设下的圈套。诈骗分子的手段很明显，利用淘宝客服的名义骗取诈骗对象的信任，然后通过添加微信随之发送相应的网络链接，诱使诈骗对象填写相关的身份信息，诱导诈骗对象按照设置好的网络陷阱进行转账。上述同学由于法治意识较强，成功地躲过了诈骗。但是实际上随着网络的一步步发展及种种诈骗方式的进化，各种新型的诈骗方式不断出现，再加上大多数大学生法治意识较弱，网络诈骗的事件仍时有发生。

3. 部分大学生深陷各种套路贷。现在很多大学生的消费能力很强，购买名牌手袋、名牌衣服及各种高档化妆品，攀比心理引发周围同学跟风模仿。家境殷实的同学可以依靠家里人的补贴得以维持基本的花销，但是家境一般的同学就捉襟见肘，没有经济能力，却又不想自己的风头被周围同学比下去，所以转而将目光投向各大网络借贷平台。但是大学生毕竟太单纯，犯罪分子各种套路贷令其防不胜防。

（四）家庭教育的影响

家庭是整个社会重要的分支结构。大学生从家庭中来并长期处在家庭生活的影响中，家庭教育在大学生法治意识的培养中起到了至关重要的作用。从隐私权到生命权，大学生在潜移默化中接受着家庭传递的法治观念。大学生法治意识不是一天之内就形成的，它和大学生的家庭教育有密切的联系[①]。

1. 家长法治意识的高低对大学生法治意识的影响。孩子是家庭中的重要一员，家长的一言一行都影响着孩子各方面的成长，家长的法治意识直接影响大学生的法治意识。中国的大多数家庭

---

① 李林：《大学生法治意识现状与教育对策研究》，中国地质大学硕士学位论文，2017 年。

中，仍旧保留着父母至高无上的家长地位，孩子要遵从父母的意愿，不能有自己的想法，孩子只能服从家长在家庭中的绝对权威地位。一个具有良好法治意识的家庭，父母会从孩子年幼时就告诫其要遵守法律意识，并通过社会实际案例让孩子知法、守法、用法。反之，在一个法治意识淡薄的家庭中，父母对于自己权益受侵害尚且无法识别，更遑论教育孩子维护自身的合法权益了。众所周知，拆阅他人信件只能基于国家安全需要或者追查刑事犯罪的需要，由国家公安机关或者检察机关着手进行，其他任何人没有此项权利，这是国家从宪法意义上对公民通信权益的保障。就是这么一项被规定在我国最高法中的权利，任何人任何机构都应该要遵循的规定，在法治意识强、弱的家庭中则会出现截然不同的局面。法治意识强的父母会尊重孩子的选择，尊重孩子的隐私，尊重孩子的通信权，对于孩子没有封锁起来的日记也不会私下悄悄阅读，也不会未经孩子允许翻看其通讯记录，而是通过与孩子面对面的沟通去了解孩子在成长过程中的心理变化，走进孩子内心与孩子坦然交流。但是法治意识弱的父母则表现出表面上对孩子的关心，实则未经孩子允许翻看孩子日记、检查孩子通讯记录。所以，父母的法治意识对大学生法治意识的影响是潜移默化的，也是不可估量的。

2. 家庭教育方式的不适合对大学生法治意识培养的影响。近日，孩子的父亲和爷爷辅导孩子写作业的视频在网上广泛流传，视频中孩子的天真和爸爸、爷爷的无奈引起无数家长的共鸣。视频一方面娱乐了各大网民，另一方面也反映了一种普遍的社会现象：家庭高度重视孩子的学业成绩。除此之外，父母之间对比成绩也是一种常见行为，仿佛孩子的成绩体现、决定了自己多年培养的成果……其实，中国父母的家庭教育存在严重的片面性，学习成绩在家庭教育的成果中占据了太大的比例。这样做的后果就是整个家庭把教育孩子的重点放在其学习成绩的高低上，课上课下都以提高学习成绩为重要任务，反而严重忽略了孩子其他方面的培养，包括孩子法治意识的培养。

（五）法律层面的影响

法律是高校法治教育的基石，也是法治教育高效发展的重要依据。立法、执法、司法等具体法律环节都会或多或少地影响大学生法治意识的培养。

1. 立法对高校大学生法治意识的影响。立法是法律运行的基础，在整个法律运作体系中占有首要地位。法律是治国之重器，良法是善治之前提，法律的平稳运行需要立法者制定出优良的法律规范。立法者在制定法律时要严格遵循立法的原则，使制定出的法律规范易于理解，具有可执行性。立法的目的就是让人们能够理解法律从而正确地运用法律，法律只有被理解才能真正发挥作用。

2. 执法对高校大学生法治意识的影响。徒善不足以为政，徒法不足以自行。执法的直接对象就是社会公众，执法人员直接办理的业务和直接处理的纠纷都指向社会公众，社会公众对法律的认同很大程度上来自于具体个案，在法律的执行和司法裁判中体验法律的公平正义，故此，严格执法是法治的重点。严格执法一直以来都是我国法治建设的重点，之所以着重强调，是因为执法的直接对象就是社会公众，执法人员办理的业务和处理的纠纷都直接指向社会公众。社会公众的满意度、社会公众的上诉率、社会公众的犯罪率等是评价一国法治建设成果的重要指标。能否正确为人民解决纠纷，能否有效保障人民的合法权益也直接决定了人民对整个国家法治的信任程度。在法治社会，法律是人民权益的最后一道保护伞，如果连法律都无法保护民众，那么一国的秩序将无法有效维持。大学生群体作为执法对象的重要组成部分，其权益的实现也依赖于国家执法机关严格执法。网络诈骗案件、宿舍盗窃案件等各类校园案件的发生，使得大学生可以直接了解执法机关的工作程序，执法效果也自然而然地影响到大学生的法治意识。

3. 司法对高校大学生法治意识的影响。公正司法是法治的生命线，司法不公，则社会不稳；司法不公，则权益受损；司法不公，则法治无存。近年来高校校园刑事案件时有发生，从原先的马加爵案件到后来的复旦投毒案，虽然案件性质不同，但是由于案件涉及群体的特殊性，所以各项审判进程一直被诸多学子广泛关注。从庭审程序到庭审结果，每一项是否公正都直接影响到国家法律在大学生心目中的位置，影响大学生对于国家法治的信赖程度。此外，司法人员的素质和能力对司法结果的公正也有重要影响。完备的法律知识及公正的法律人格使司法人员在案件裁判过程中能够始终保持中立的态度，以事实为依据、以法律为准绳，在审判过程中传递正确的法律观念和法治态度。

三、高校大学生法治意识缺失的理论反思

高校大学生法治意识缺失的理论反思首先要着眼于大学生法治意识培养的理论基础。对大学生法治意识培养的研究，离不开理论的支持和引导，马克思主义关于人的全面发展的理论、马克思主义法治观、中国特色社会主义法治理论为大学生法治意识培养提供了坚实的理论根基。

（一）马克思主义关于人的全面发展的理论反思

马克思主义认为，人的全面发展既包括人的活动及需要和能力的全面发展、人的社会关系的全面发展，还包括人的个性的全面发展①。马克思主义关于人的全面发展的理论对于大学生法治意识的培养具有非常重要的理论支撑作用，将其作为大学生法治

---

① 马克思恩格斯列宁斯大林著作编译局：《马克思恩格斯全集》，人民出版社，2018 年。

意识培养的理论基础，有助于在研究当中以学生的发展和成长为立足点，避免囿于应试教育只育分不育人的局限，体现素质教育培养全面发展人才的要求①。在高校法治教育中，注重理论培养、忽视课下实践已经成为通病。法学专业的学生可以借助法律援助中心这样的专门机构将所学的法律理论知识与实际案例结合起来，但是非法学专业的学生由于平日对法学知识了解有限，加之所学专业的考试中法律知识不是主要给分项，学生平日复习理论知识尚且不能将其作为考试重点进行记忆，要求其将法律理论知识转化为实践就更难以实现了。虽然高校一直强调人要全面发展，也试图用各种方法来改善当前重理论轻实践的校园通病，但是由于马克思主义课程的教授方式相对来说比较单一，学生课堂积极性不高，课堂教学的效果也不够理想。加之高校又无法提供充足的法治实践机会，所以学生多无法全面学习并践行马克思主义关于人的全面发展理论。

（二）马克思主义法治观的理论反思

马克思主义认为要想真正实现法治，必须打碎剥削阶级旧的国家机器及其法律制度，创建新的无产阶级专政的国家，建立起真正的人民民主制度和法律制度，以新的真正民主的国家政权来代替。马克思主义法治观是客观的，是具备长远眼光和现实需要的，其关于法治的论述是高校大学生法治意识培养应该着重关注和吸收借鉴的内容。在高校法治教育中，理论知识面临的最大问题就是理论如何为大学生所吸收并且自主地转化为实践。在课堂教学中，马克思主义理论较为枯燥的授课方式很难引起学生学习的兴趣和激情，又由于缺乏实际案例支撑，马克思主义法治观总会让学生产生一种触之不及的距离感，空洞的讲解无法让学生将其与实际生活有效结合起来。大学生对于法治思想的不重视、对

---

① 　昌洋：《大学生法治意识培养研究》，东北林业大学硕士学位论文，2017 年。

于马克思主义法治观的不了解，使得大学生难以将理论有效转化。

（三）中国特色社会主义法治理论反思

中国特色社会主义法治理论作为中国特色社会主义理论体系的构成要件，是对我国法治建设实践的理论升华，是汲取中华法治文化精华、吸收西方法治文明，具有鲜明中国特色和时代特征的新的理论体系①。贯彻中国特色社会法治理论，要求各项法治教育立足当前实际，时刻追随当前中国特色社会主义的大方向，不断推进中国法治进程。中国特色社会主义法治理论重在"中国特色"四个字，授课老师在进行理论讲解时要立足中国的实际情况，立足高校法治建设的基本情况。在中外法治文化对比中，要秉持客观理性的态度，带领学生了解不同背景下的法治发展，特别是深入了解我国法治进程的发展。中国特色社会主义理论是根植于中国大地的理论，要让学生了解中国每一段法治进程背后蕴藏的故事，了解先辈们为中国法治进程做出的努力和贡献。相比于要求学生死记硬背理论性的知识，讲清理论背后的故事才是更为重要也更为有效的方式和途径。

总而言之，理论是基础，实践是目的。高校在大学生法治意识的培养工作中，要真正做到理论与实践相结合，从实践中检验真理，让大学生切身去感受、去经历，才能真正推动高校法治建设进程。

---

① 吕洋：《大学生法治意识培养研究》，东北林业大学硕士学位论文，2017 年。

第三节　高校大学生法治意识提升的创新机制

一、高校大学生法治意识培养的环境塑造

高校大学生法治意识的培养需要在合适的环境中进行，可以从营造良好社会法治环境、净化网络环境、提升高校法治教育环境、重视和完善家庭教育环境等方面着重进行。

（一）创建良好的社会法治环境

改善法治状况、创立良好的社会法治环境是树立法律权威的必然要求，也是培养当代大学生法治意识的前提条件①。从创造良好的社会法治环境层面提高高校大学生法治意识，可从以下几方面着手进行：

1. 大力发展生产力。经济基础决定上层建筑，作为上层建筑的法治意识必须要以社会物质生活条件的经济基础作为必要前提。法治意识的高低与经济状况的好坏紧密相连。根据马斯洛的需要层次理论可以得出，一个人如果连基本的温饱问题都没有妥善解决，他是没有那么多的时间和精力去考虑法治问题的。以此为基础进行分析，作为一个统一整体的国家，如果经济不能良好运行，社会公众的基本生活需要无法得到充分保障，那么法治建设进程也将严重受阻。因此，增强大学生法治意识首先应大力发展生产力，从工业、农业等多面拓宽生产渠道，增加社会物质财富，提高社会经济实力。只有这样，推进国家法治进程才会有经济保障，才会民心所向，才会最终有所成效。

2. 立法机关要完善立法。法治意识的培养需要有完备的法律体系作为基础。改革开放以来，我国的立法工作取得巨大的进

---

① 刘婷：《当代大学生法治意识问题研究》，华侨大学硕士学位论文，2016 年。

展。目前，已经基本形成了较为完备的中国特色社会主义法治体系①。之所以要强调立法，是因为大学生作为受过良好教育的守法主体之一，认识并且能够了解法律所要表达的真正意图是其法治意识形成的关键性步骤。中国文化博大精深，即使是大学生，其自身也会因为文化积累程度的不同对于同一句话产生不同的理解。这种情况下，立法工作就显得尤为重要。法律要为人所认识，要被人所理解，这样才能达到立法的真正目的。因而，在进行立法工作时，需要有渊博法律知识背景的人员来操作，更为重要的是制定出的法律要易于理解。立法工作者在立法时，也应广泛征询人大代表及广大人民群众的想法和意见，考虑广大人民群众的文化程度和接受能力，尽可能地使法律语言简洁化。除此之外，由于法律具有一定程度的局限性，无法适应快速变化的社会环境，但是法律作为一国治国理政的重要依据又不能朝令夕改，因此在立法工作中立法者要具有一定的前瞻性，根据社会发展的规律，合理有效地制定法律，特殊情况下可采取修正案形式进行必要的修正和补充。

3. 行政机关要严格执法。法律的权威在于实施，如果法律得不到有效的执行，那么它将是一纸空文，毫无意义②。一直以来，国家都在限缩国家权力，重点是控制行政机关的权力。其原因就在于执法部门是整个法治进程中与社会公众关系最为密切的特殊

---

① 中国特色社会主义法治体系是指：在中国共产党领导下，坚持中国特色社会主义制度，贯彻中国特色社会主义法治理论，形成完备的法律规范体系、高效的法治实施体系、严密的法治监督体系、有力的法治保障体系，形成完善的党内法规体系，坚持依法治国、依法执政、依法行政共同推进，坚持法治国家、法治政府、法治社会一体建设，实现科学立法、严格执法、公正司法、全民守法，促进国家治理体系和治理能力现代化。实现这个总目标，必须坚持中国共产党的领导，坚持人民主体地位，坚持法律面前人人平等，坚持依法治国和以德治国相结合，坚持从中国实际出发。

② 徐逸峰：《法律权威需要每一个执法司法者共同维护》，《江苏法制报》，2018年6月28日。

部门。执法对象涉及学生、商贩、服务者等各行各业的人员，执法对象的广泛性直接导致执法过程的复杂性。在执法过程中，国家的执法行为直接暴露在社会公众面前，其一举一动都会影响公民对于国家法律的评价。加之现在网络发达，执法部门一旦执法不当就会引发公民广泛谴责，如果再有人煽风点火、捕风捉影说些不实之事，将会造成很大的负面影响。所以，要着重加强对于执法人员的培训，执法活动要严格遵循法律程序，对于有法不依、执法不严的执法工作人员要及时予以处分，并且做好社会舆论的管控。

4. 司法机关要公正司法。司法公正一直以来都是中国法治化进程不断强调的重要事项之一，也是司法体制改革的重要组成部分。现实中，一些人质疑法官、排斥法院，出现纠纷宁愿忍受委屈，也不愿提起诉讼。那成长在这种环境下的高校大学生也多多少少会受到这种思想的波及，影响其正确法治意识的树立。需要着重指出，公正司法不仅仅指审判机关要以事实为依据、以法律为准绳进行公正审判，审判过程中各项程序依照法律进行，受害人权益得到保障，不法分子得到法律制裁；另一方面还要求检察机关要依法开展检察工作，对于公诉案件要严格依照法律程序向人民法院提起诉讼，不能包庇不法分子。要站在国家的利益上，站在人民的利益上，正确履行职责。

（二）营造清正的网络法治环境

随着社会的不断发展，现代科学技术突飞猛进，互联网作为最具有代表性的社会传媒深刻地影响着人们的生活。网络因具有传播速度快、信息量大、成本低等特点而成为人们获得信息的主要来源①。2019 年第 43 次《中国互联网络发展状况统计报告》

---

① 刘婷：《当代大学生法治意识的现状与原因分析》，学术论文联合比对库，2016 年 6 月。

显示，截至 2018 年 12 月，我国网民规模达 8.29 亿，普及率达 59.6%，较 2017 年年底提升 3.8 个百分点，全年新增网民 5653 万。我国手机网民规模达 8.17 亿，网民通过手机接入互联网的比例高达 98.6%[①]。网络在给我们带来便利的同时，也充斥着各种负面信息。暴力、色情、传销等各种不良信息借助互联网这一渠道快速传播，形成负面效果。净化网络环境刻不容缓，具体可从以下几方面进行整改：

1. 国家加强网络立法。互联网不是法外之地，这已经成为当今社会的共识。利用互联网进行网络诈骗、利用互联网进行敲诈勒索等网络犯罪时有发生。虽然针对一些典型犯罪行为国家已经出台了相应的法律法规，但是除此之外的网络违法行为则缺乏对应的处罚依据。随着网络技术的进一步发展，各类新型的网络作案方式不断出现，互联网传播更为快速，加之网络监管惩罚力度不足，违法者违法成本较低。违法收益大于违法成本，这就直接导致了网络再犯罪可能性的大幅提高。因此，我国要结合互联网犯罪的特殊环境制定专门的互联网法律法规，把网络违法犯罪行为具体化，增强执法、司法的可操作性。

2. 政府加强网络监管。各类危险信息之所以能够快速传播，网络违法犯罪行为之所以频繁发生，网络监管不到位是一大原因。互联网兴起，国家逐步建立了以网络监管局为中心的各大网络监管机构[②]。但是令人遗憾的是，网络监管机构并未能够充分有效地发挥作用。政府加强网络监管一方面应在提高网络监管技术上做文章，另一方面则需要对于网络监管人员进行严格管理。例如加强网络监管人员岗前职业道德培训，加强网络监管法规培

---

① 中国互联网络信息中心：《第 43 次〈中国互联网络发展状况统计报告〉》，http://www.cnnic.net.cn/hlwfzyj/hlwxzbg/hlwtjbg/201902/t20190228_70645.htm.

② 北京市互联网信息办公室：《互联网信息安全与监管技术研究》，中国社会科学出版社，2014 年。

训，对应岗位实行权责一体化，加强监管人员自律意识。

3. 公民要提高网络媒介素养。网络信息能够快速传播的一个重要原因就是网民的频繁转发。转发行为背后的心理机理有可能是对外展示自己对于社会热点事件的关注度，证明自己的社会敏感性；有可能是为了证明自己在某一领域的持续研究和探索，证明自己的专业度；还有可能仅仅是一种情感的宣泄，不顾信息内容，肆意转发。总体来讲，网民对于网络信息的真假性缺乏辨别和甄选能力，因而需要提高媒介素养，合理运用网络通信工具。

4. 要完善网络检举渠道。目前，利用互联网侵害公民合法权益的事件时有发生，公民权益遭受侵害的同时往往无法通过网络检举渠道得到有效反馈。很多网络检举平台"僵尸化"，常常是有存在之表面，而无作为之事实。用户检举之后也许十天半个月得不到任何反馈，而此时犯罪分子往往已经通过其他途径转移其犯罪踪迹，以至后期无迹可寻。

（三）创造浓厚的校园法治氛围

作为学生成长的摇篮，高校是大学生接受法治教育的主要场所，也是进行法治宣传的主阵地[1]。高校因为其特殊性，能够有效地开展集体性的法治教育活动，因而创造浓厚的校园法治氛围，对于提升大学生法治意识具有显著作用。

1. 从思想上重视高校法治教育。美国法学家伯尔曼曾说：在法治社会中，法律必须被信仰，否则它形同虚设[2]。高校大学生法治意识的提升首先依赖于高校本身对法治教育的重视。高校法治教育并非一蹴而就，而是以学校高层为领导，多层次多领域多形式地逐步稳健推进。学校要形成完整的法治教育实施方案，对

---

[1]　刘婷：《当代大学生法治意识的现状与原因分析》，学术论文联合对比库，2016 年 6 月。

[2]　［美］伯尔曼：《法律与宗教》，梁治平译，中国政法大学出版社，2003 年。

于例如"宪法日"的这种大型法治教育活动，可以由学校牵头，动员全体学生广泛参与。对于其他规模较小的日常法治教育活动，可以将整体方案下发至各个学院，然后以学院为主要执行机构去具体落实。此外，高校在思想上重视法治教育还体现在课程设置上。据目前了解到的情况，在全校范围内开设的法治类课程仅有"思想道德修养与法律基础"。重视高校法治教育，高校在课程设置上最起码还要在全校范围内开设一门主讲《中华人民共和国宪法》（以下简称《宪法》）的必修课。众所周知，《宪法》是我国的根本大法，在我国法律体系中具有最高的法律地位，是一本人人都该深入学习并且终生都应该遵守和践行的一部重要法律。高校承担着教书育人、培养国家栋梁的神圣使命，承担着培养共产主义接班人的神圣职责。作为中国学子，《宪法》这部法律不可不学；作为中国重要的育人机构，《宪法》这部法律不可不教。

2. 从师资上优化高校法治教育。高校法治教育的直接践行者就是高校教师。尽管目前很多学生将"思想道德修养与法律基础"看作一门枯燥无聊的课程，但是实际上老师才是课堂教学氛围掌控者。"思想道德修养与法律基础"作为一门课程，如果授课老师创造性进行课程趣味化教学，是完全有可能吸引学生的兴趣和热情的。以往的课程教授，大课堂上老师承担的角色多是"讲述者"，学生承担的角色则是"倾听者"，两者之间缺乏有效的互动。一堂课下来，老师的讲述任务完成，学生的倾听效果却未必如其所愿。所以，如果想要增强高校大学生法治意识，授课教师就要有意识地改进教学方式和方法。以案例穿插理论的方式代替传统的纯理论教学，以大学生实际生活案例引发学生讨论兴致，将枯燥的理论知识与有趣的生活实践有效结合起来，以求更好的学习效果，使大学生高效吸收法治教育知识，提升大学生法治意识。此外，除了马克思主义学院的老师，法律方面的内容应尽可能邀请有实务经验的法学院老师进行讲授。一方面加强专业化教学，另一方面可以加入案例引导，以使讲解更为生动。

3. 从实践中深化高校法治教育。马克思主义哲学认为，实践是主观见之于客观的活动，它决定着认识的来源，是认识的动力，也是认识的发展目的①。法学院大都设有法律援助中心，借以帮助学生将法学理论运用于实践。通过在社区、学校进行普法活动来加深其对法律的深刻理解，通过参观庭审、参与案件分析加深其对法律知识的实际运用能力。但是高校大学生除了法学专业的学生之外，更多的是非法学专业的学生，加强他们的法治意识同样是高校法治建设的重要任务。强化非法学专业学生法治意识可从以下两个方面来进行：第一，与法学院联合开展各项法律实践活动，例如联合举办宪法日活动。在活动的前期准备和后期的活动推进中，加强与法学院学生的沟通，更多地了解法律方面的相关知识。在一同走访社区、校园的进程中也能实际感受到法律的作用和魅力，增加对法律的崇敬感。第二，与法院、检察院、司法局等法律相关部门开展专业合作。例如随着大数据时代的到来，计算机人才成为各大法律机构的稀缺资源。学校可为计算机专业的学生寻找类似的实习机会，让学生在法律机构中切身感受法治氛围，在具体的实践操作中加深对法律的理解和认知。

（四）创建民主平等的家庭教育氛围

家庭在高校大学生法治意识的培养中具有举足轻重的地位。学校、家庭、社会，这三者都很大程度地影响着大学生的法治意识。受中国传统文化的影响，"家长制"的教育方式仍旧占据着大多数中国家庭的教育，但是法治教育又亟须民主平等的相处观念，因此改善家庭教育环境可从以下方面着手进行：

1. 提升父母的法治素养。父母是孩子的第一任老师，也是孩

---

① 马克思主义哲学编写组：《马克思主义哲学》，高等教育出版社，2018 年。

子学习和模仿的直接对象。之前有一幅漫画在网上颇为流行：左边描述的是一个沉迷于打游戏的爸爸要求年幼的儿子写家庭作业，孩子一脸不情愿的场景；而右边的图画中，儿子看到自己的爸爸端坐在桌前看书，忙拿起自己的课本开始认真阅读。该漫画意在表明父母的言行举止会在孩子的脑海中形成一种固有印象，进而影响孩子之后的为人处事。教育专家马卡连柯也曾告诫为人父母者："你们自身的行为在教育上具有决定意义。不要以为只有你们同儿童谈话，或教育儿童、吩咐儿童的时候，才是在教育儿童。在你们生活的每一瞬间，甚至当你们不在家的时候，都教育着儿童。"① 所以如果想在家庭层面提升大学生法治意识，那么父母首先应该具备一定的法治素养，父母以自己在实际生活中的做法来影响孩子，让孩子从小形成尊崇法律、遵守法律的良好认知。

2. 践行平等的相处之道。之前做过一个小小的实验：同样一个问题，即"你和妈妈的地位是平等的吗"，法学专业的大学生和非法学专业的大学生则给出了不一样的回答。非法学专业的学生倾向于认为自己和妈妈的地位是不平等的。首先表现在自己的身份区别上。一个是"妈妈"，一个是"孩子"，这就是最为明显的不同。其次表现在日常事件的决定权上。妈妈可以决定给不给孩子买衣服，甚至可以决定孩子要穿什么款式什么颜色的衣服。但是自己估计连希望妈妈今天做什么饭都决定不了，这又是极大的不平等。相较于非法学专业的学生，法学专业学生的回答则显得言简意赅：在法律人格上，我们都是平等的。时代在变化，家庭也应该顺应时代发展的潮流，在家庭生活中践行民主平等的相处方式。这一方面有助于促进家庭和谐，另一方面能够培养孩子独立自主的健全人格。平等民主的相处方式下，孩子对于自身的

---

① 郑渊洁：《郑渊洁家庭教育课》，天津人民出版社，2018 年。

权利有很强的认知，对于权益受损也会有较高的敏感度，因而其自觉维护自身合法利益的意愿也就更为强烈。

3. 改进家庭的教育方式。当前，我国家庭教育方式中主要存在着三种不当的教育方式，即权威型、溺爱型和放纵型①。权威型教育方式下成长起来的孩子由于长期都是由父母做决定，所以长大后面对很多事件会显得畏首畏尾，没有主见。溺爱型教育方式下成长起来的孩子由于长期被周围人的宠爱包围，听惯了他人的赞美和欣赏，因而长大后往往较为自大，对于他人的批评和建议很难接受，承压和抗压能力较差。放纵型教育方式下成长起来的孩子由于缺乏家长的正确指导，所以做事往往随心所欲，漫无目的，方向不明确。所以这三种教育方式都不能称得上是有效的教育方式。近年来，民主型教育方式开始在家庭教育中尝试进行。这种教育方式打破了父母与子女之间明晰的界限，强调父母与子女关系的平等性，更有利于两者之间像朋友一样友好相处。对于孩子的选择，父母应给予足够的尊重，在充分听取孩子的意见后引导孩子自己进行判断和选择。例如，家庭之中以投票表决的方式做决定，以票数的多少决定孩子的选择是否得到家人的支持。相比于前面的三种教育方式，民主型教育方式下成长起来的孩子更容易获得理性思维的培养，面对问题能够理性地处理。民主是法治的基础，家庭中的民主氛围对于孩子法治意识的提升也具有良好的促进作用。

高校大学生法治意识培养的环境塑造要在法治环境、家庭环境、教育环境、网络环境中同步推进，各个工作思路相互影响，互相推进，共同为大学生法治意识的提升做出贡献。

---

① 李小娜：《浅谈家庭教育对幼儿成长的影响》，《课程教育研究》，2019 年第 4 期。

二、高校大学生法治意识培养的内在因素

高校大学生法治培养的重要路径之一就是从根源抓手，从高校大学生的内在因素着手，充分发挥大学生的主观能动性，加强大学生心理健康教育，强化大学生道德教育。

（一）发挥大学生的主观能动性，积极主动地学习法律知识

当代中国已经形成了相对完备的法律体系，各大新闻网站及电视频道甚至是社区街道、农村宣传栏上都在宣传普及法律知识，传递中国法治文化。所以说，学习法律知识的客观条件是具备的，学习法律知识的客观形式是多样化的。法律知识的储备是培养法律意识的基础，因此，提升高校大学生法治意识重在提升大学生学习法律知识的主观能动性。大学生作为青年一代，承载着社会的希望和国家的未来，作为时代潮流的开拓者、富强国家的建设者，大学生要不断吸取科学文化知识，增强自身文化软实力。提升高校大学生主观能动性，可着重从以下方面着手：第一，学校应积极动员学生学习法律文化知识，参加法律实践活动。例如学校可定期举办法律知识竞赛活动，并设置相应的精神和物质奖励来提升学生的参与度。活动宣传方面应尽可能覆盖全体学生，而不仅仅是法学院的同学。宣传可通过微博、微信平台转发等形式进行广泛扩散，增加学生关注度。第二，相较于纯文字的枯燥，大学生可以转而选择影视作品或者法治栏目进行观看。截至目前，央视的《法律讲堂》《普法栏目剧》、山东卫视的《道德与法治》等法治类栏目用实际生活中的案例讲解生活中的法律常识；《十二公民》《烈日灼心》《全城目击》《人民的名义》等多部法治类影视剧陆续上映，以情节化的影视剧表达传递着法治中国的理念①。大学生可以以此为切入点，通过这种无压力式

---

① 陈笑春：《影视作品里的中国法治进程》，中国传媒大学出版社，2016 年。

的学习提升自己的法律知识储备，增强法治意识。第三，也是最为重要的一点，大学生在学习法律知识的过程中要明白：法治时代，任何人学习法律知识、践行法治理念都应该是一种责任、一种担当。

（二）强化大学生道德教育，提升社会道德观念

道德与法律，这是国家治国理政的有力抓手，是必须同时兼顾不可偏废的。道德是法律的基础，法律是道德的制度性实践，法律主要通过权利义务的机制安排来协调人与人之间的利益关系，道德则宣扬责任和友爱，促进人际和谐，两者在功能上相互补充，对和谐社会的建设发挥着巨大的作用[1]。同样，在一个人的发展过程中，道德观念和法治观念只有相辅相成，才能促进人的全面发展。大学生要明白一个道理：社会调控的方式不仅仅有法律，还有道德。一个人的行为如果不当，除了会受法律制裁，更为持久的其实是来自道德的谴责。2004年轰动全国的马加爵事件[2]，现在已经过去了15年之久，但是这件事在人们心中，特别是大学生心中，仍旧有很深的阴影。人们可能已经忘记了当时具体的庭审过程，但是对于马加爵杀害同窗的道德谴责却仍然明晰。因此，家庭乃至学校应高度重视大学生道德观念的培养，引导大学生树立正确的人生观和价值观，用良好的道德规范来约束自己的行为，化解生活中的纠纷。

（三）加强大学生心理健康教育，构建心理健康培育体系

近年来，大学生心理健康问题引发社会广泛关注。目前大学生多为"00后"，其人生观和价值观还处在一种半成熟的状态，加之很多学生为独生子女，突然的宿舍集体生活直接使其面对相

---

[1] 李志强：《浅谈道德与法律的关系》，《思想理论教育导刊》，2019年第2期。

[2] 卫昇，左振瑛：《青少年人格塑造——马加爵案件的心理学思考》，北京大学出版社，2004年。

对复杂的人际关系处理。现在高校大学生宿舍多为四人、六人间，有的学校还有八人间，拥有着不同生活习惯、性格迥异的人要在一起生活 4 年，最初的磨合是避免不了的。特别是刚刚入学的大一新生，最初的新鲜感过后很容易产生思乡情绪，如果此时又无法融入宿舍、班级的话，就很容易引发心理问题。此外，大学生就业形势越来越严峻，就业压力无法得到有效排解也会引发大学生的自我怀疑。因此，高校和家庭都要重点关注大学生的心理发展。高校要重点开设心理健康课程，通过正规心理测评引导学生了解自身的心理状况，正确看待人生中的挫折和困难，掌握正确的压力释放方式。此外，高校辅导员应积极发挥其自身作用，加强与学生的沟通，及时了解学生的家庭变化和心理动向，通过仔细研读学生的心理测试报告敏锐发现问题。对于心理健康开始出现异常的情况，要及时与学生进行面对面交流。情况严重时，应立即通知学生家长，与家长协商和心理专家取得联系，商讨解决措施。最后，高校还应聘请专门的心理学专家组成心理健康疏导工作室，对于各学院辅导员反馈上来的心理异常问题进行专业化处理。通过心理健康培训及心理预防宣传文件适时推进学校心理健康工作。父母也应主动关心孩子的生活和学习，通过与高校辅导员的沟通及时了解自家孩子的心理健康问题。总之，心理健康问题并非是一个一朝一夕产生的问题，因而早发现，早治疗，是完全有可能帮助大学生早日回归正常的社会生活轨道的。

三、自媒体时代高校大学生法治意识培养的创新路径

自媒体的快速发展给大学生法治教育带来了新的际遇。面对自媒体带来的新际遇，高校应从思想上树立互联网思维，积极应对自媒体带来的挑战，要充分利用自媒体资源，扩大法治教育宣传渠道，努力构建自媒体教育平台，促进高校法治教育与自媒体的融合发展。近年来，随着信息化的快速发展，互联网在我国的

使用率逐步增长①。我国手机上网的普及，使得以微博、微信为代表的自媒体力量快速发展，给社会发展带来了新的变化，利用自媒体提升大学生法治意识已经成为一种新的路径。

（一）以微信微博为传播媒介，拓宽法治宣传渠道

目前，碎片化阅读不仅仅是上班族的选择，也日益成为广受大学生青睐的阅读方式。受注意力的限制，相对于长篇化的书籍阅读，大学生更偏爱通过手机随时随地地阅读精简凝练的短篇幅文章。通过微信、微博进行碎片化阅读已经成为一种时尚，高校大学生作为追逐时尚的主流群体自然不会错过自媒体时代带来的阅读浪潮。越来越多的法治微信平台出现，其中有以央视《社会与法》《青少年法治教育在线》《法治周末报》等为代表的官方法治平台，也有以中国政法大学《法治政府研究院》等为代表的高校法治平台，更有以《小撒今日说法》为代表的个人法治推广平台。2019 年 6 月 25 日，《共青团中央》微信公众号发表一篇名为《燃爆！"不管躲到天涯海角都要审判你"》②的文章，讲述了中国巡回法庭工作者历经千难万险，深入基层进行案件审判，为人民伸张正义的艰辛历程。文章一经发布，引发朋友圈广泛转载，阅读量高达 10 万以上。微信微博平台在当今社会有着巨大的影响力，因而各高校可以借助各大法治平台，进行文章的推荐阅读。官方平台的文章往往紧跟国家大方向，无论是言辞还是配图都有着严格的审查标准，可供高校直接用于教学。高校也可以自主搭建校内法治教育自媒体体系，以学校宣传部牵头，带领各学院微博微信平台进行全方面法治宣传。

---

① 中国互联网信息中心：《CNNIC 发布第 43 次〈中国互联网络发展状况统计报告〉》，http://cnnic.cn/gywm/xwzx/rdxw/20172017_7056/201902/t20190228_70643.htm.

② 共青团中央：《燃爆！"不管躲到天涯海角都要审判你"》，https://mp.weixin.qq.com/s/LG5h44sp4MglQjHTauXcvw.

（二）搭建自媒体平台，创新法治教育教学模式

相较于传统教学，自媒体时代所带来的巨大变化就是教学方式的多样化，在线教育在教育实践中发挥着越来越重要的作用。在线教育的快速发展让我们看到了视频教学给教育界带来的机遇，产生的良好效果使万千学子受益。参照在线教育，高校的法治教育同样可以以此为基础进行改进和实施，最主要的形式就是信息化教学平台的设置。信息化教学平台将教育教学资源与信息技术高度融合，使法治教育知识借助于微信、微博、QQ等自媒体平台在学生之中快速流转，实现法治教育网络化。信息化教学平台的设立，打破了时间和地域限制，甚至打破了专业限制，能够有效解决法学学生与非法学学生在法治知识学习上的巨大差距，最大程度地覆盖了法治教育的受众。法学专业的老师将自己平时的教室实地教学搬上网络，同样是案例研讨，同样有理论启发，不同的是地点变了，受众多了，法治理念的传播更为顺畅了。此外，如果课堂中有需要，信息化教学平台也可以借助微博直播等形式与学生进行更为直接的沟通。进入直播平台的法学或者非法学学生提出法治学习过程中的疑问，由授课老师进行有针对性的讲解，切实提升大学生的法治意识。

（三）提升大学生网络媒介素养，增强真假信息鉴别能力

自媒体时代，人人都可以发声，人人都可能成为社会舆论的引导者。但是，自媒体时代中充斥的信息并非全是真实可靠的。自媒体的兴起，使得人人都想通过微信、微博、抖音等工具获得较高的社会关注度。一些网络大V为了谋取更高的关注度，甚至打着各种舆论监督的口号到处坑蒙拐骗、敲诈勒索。其通过虚构或者夸大基本事实，以在网络上发布对个人甚至是企业不利的不当言论相威胁，以网民缺乏有效的事实分辨能力进而跟风转载的心理作为有利条件，大行违法犯罪之事。此外，自媒体的兴起使得现实生活中的执法问题得以曝光，一些人更是以此大做文章，

抨击当今执法者的无组织无纪律，直言法治混乱。这些涉及政府执法方面的视频一经曝出，往往能够迅速抓人眼球，引发网民疯狂转发与评论。但是作为高校大学生，作为受过高等教育的社会群体，理应在事件曝光后保持理性的态度，案件没有水落石出之前万不能凭借一人之词妄下定论。大学生要深信：我们身处法治社会，违法乱纪的事情自有公安机关查清事实，一味地妄加推断不仅不会对案件的调查起到帮助，反而会给执法者施加压力，阻碍案件的侦查和审判。

第四章　高校校园法治文化建设的当代发展

第一节　高校校园法治文化建设的时代意义

党的十八届四中全会审议通过的《中共中央关于全面推进依法治国若干重大问题的决定》中旗帜鲜明地指出："全面推进依法治国，总目标是建设中国特色社会主义法治体系，建设社会主义法治国家。"高校作为推动社会经济发展、文化科学技术进步的"发动机"，在全面推进依法治国的伟大进程中发挥着不可替代的重要作用，加强高校校园法治文化建设是推进依法治国方略的必然要求，是依法治国方略在高等教育领域的集中体现。高校校园法治文化建设亦是建设新时代社会主义法治文化的重要内容，是新时期依法治国方略在高校治理领域的集中体现，反映了高等教育法治化的必然趋势和最终要求。

当前，加强高校校园法治文化建设具有重要的时代意义。第一，高校是孕育人才的摇篮，加强高校校园法治文化建设有利于培养具有法治思维、拥有法治素养的"社会主义建设者和接班人"，这不仅仅是高校法学教育的职责和使命，更是高校思想品德教育的重要目标。第二，加强高校法治文化建设是全面落实"依法治国"的重要举措，是国家的法治战略在高校中的表现，是法治校园建设的重要途径。第三，德治与法治密不可分，国家在加强法治的同时尤其注重德治的建设，高校校园法治文化建设有利于培养德智体美劳全面发展的社会主义新青年，符合新时期

"立德树人"的基本要求。

一、有利于培育高素质人才

"科学技术是第一生产力。"当今世界各国的竞争最终体现为科技和人才的竞争，人才的培养事关"两个百年目标"及"中国梦"的理想能否实现，关乎中华民族的伟大复兴，必须把人才培养放到战略位置上予以考虑，培养一批又一批高素质的人才。高校之所以是当今世界各国培养高素质人才的重要阵地，究其根源在于社会的发展和民族的富强深深地根植于教育事业。在全面依法治国的背景下，我们应当全面贯彻党的方针、政策，深入落实依法治校的目标要求，充分发挥高校作为培养高素质人才的主要阵地的作用，积极建设校园法治文化，以此保障培育高素质人才①。

第一，高校校园法治文化建设能够为教书育人提供优质的校园环境。在高校的日常教学管理中，应当坚持依法办事的理念，遵守各项规章制度，以此保护高校及师生的合法权益；此外，要善于运用法律措施防范、调整和处理教育发展与改革中出现的新矛盾和新困难，使得教育问题的解决为各方满意，提高工作效率，努力促进和谐法治校园建设，推动我国高校教育事业蓬勃发展，为社会主义现代化建设培育高素质人才。在当前依法治国的大背景下，高校校园法治文化建设对于高校事业发展起着至关重要的作用。《宪法》《教育法》《教师法》《民办教育促进法》《职业教育法》等一大批相关法律法规，都对高校治理做出了相关规定。但法律必定是硬性的，是从外在强制性的规束，而强化高校校园法治文化建设，使校园法治文化深深地植入师生内心，有利

---

① 张颖，周文娟，范萌：《吹响依法治校号角　探索建设法治校园新途径》，《法治论坛》，2015 年第 8 期。

于更加规范地指导校园教学、管理活动。完善新时期高校治理体系和提升高校治理能力现代化，应当严格运用法治思维和法治方式推进高校的规范化、制度化和科学化建设，建立健全普法宣传机制，增强校园法治文化氛围，营造全校学法、懂法、守法、用法的良好的校园法治风气，形成良好的校园法治环境。

第二，高校校园法治文化建设能够坚定师生思想政治信念。校园法治文化建设实际上是同校园思想政治教育相伴而生的，校园法治文化建设丰富了校园思想政治教育的内涵，校园思想政治教育又为校园法治文化建设提供了有力支撑。在实施依法治国战略和建设社会主义法治国家的进程中，国家重视校园法治文化建设，不仅能够促进法治的良好、有序发展，而且能够改善高校的思想政治教育问题，对于重塑高校师生的思想道德、坚定意识形态、规范行为举止具有显著的促进意义。公平、正义、自由与平等等法律价值理念不仅仅是高校校园法治文化建设的重要内容，同样也是高校思想政治教育的应有之义[1]。高校教育能够将这些内在的价值理念外化到师生的行为当中，最终形成遵法、守法、懂法、用法的好习惯，规范、指导自己的行为。在当今实现中国梦的伟大历史进程中，高校师生不能"两耳不闻窗外事，一心只读圣贤书"，不仅要掌握全面的专业知识，还要具备相应的法律专业知识，锻炼法律思维和增强法治信仰，提高当代高校师生的法律素质，善于运用法律手段解决学习和工作中遇到的问题。当代高校师生应该是掌握着某些领域专业知识的精英群体，是当前乃至今后社会各个领域的中坚力量，肩负着中华民族伟大复兴的历史重任。加强校园法治文化建设，不仅能坚定高校师生的思想政治信念，增强综合素质，为社会主义现代化建设输送精英人

---

[1] 张策华：《论法律教育在高校思想政治教育中的作用》，《学校党建与思想教育》，2011 年第 11 期。

才，而且也能促进当代中国法治教育的发展与进步。

　　第三，校园法治文化建设能够重塑法治人格和独立人格。加强高校校园法治文化建设，培育高校学生法治文化精神，不仅要将法治文化精神内化于心，更要外化于行。注重高校学生法律素质的提高，培养他们的权利义务意识和规则意识，使其能够在日常的学习生活中遵纪守法，严于律己，自觉践行法治与德治的各项要求，言行举止与内心活动能够契合社会主义法治建设的基本要求。原北京大学校长蔡元培先生曾言："教育者，养成人格之事业也。"① 从这句话不难看出，高校校园法治文化建设的重要目标之一是培育大学生的法治人格，即大学生依据法律法规适当行使其权利、积极履行其义务的人格。加强高校校园法治文化建设还有利于形成大学生的独立人格。正如卢梭所言："法律既不是镌刻在大理石上，也不是铭刻在铜表上，而是铭记在公民的内心里。"法律作为一种强制性的外在行为规范，只有社会成员在内心里信仰它、崇敬它，最终才会内化于心，形成内心的理性准则，进而指导人们的外在行为。加强高校校园法治文化建设不仅能够提升大学生的综合法律素质，更为重要的是让其吸收法律的规范意识与法制理念，最终形成内心的法律信仰，克己自律、自我约束，最终完善人格。法治是法律治理的最高形态，法治要求在保护自身权利的同时，又保证其他人的权利不被侵犯，能够平等地处理社会关系。因此，个体的独立人格塑造也是法治对于每个人的要求，通过加强校园法治文化建设，以法治的理念去塑造大学生的独立人格。

---

① 夏凤琴，滕泰，葛振睿：《论大学生和谐人格培育的有效途径》，《东北师大学报》，2011 年第 3 期。

二、法治校园建设的重要途径

党的十九大报告将坚持全面依法治国作为新时代坚持和发展中国特色社会主义的基本方略，指出要建设社会主义法治国家，必须"坚持法治国家、法治政府、法治社会一体建设，坚持依法治国和以德治国相结合，依法治国和依规治党有机统一，深化司法体制改革，提高全民族法治素养和道德素质"①。高校是孕育人才的摇篮，是培养社会主义事业建设者和接班人的理想阵地，在社会主义现代化建设过程中起着事关全局的重要作用，并最终推动我国社会主义法治的建设。纵观世界各国的校园法治文化发展，不外乎体现在两个方面：一方面是法治研究，通过开展普法宣传活动，陶冶师生法律情操，增强法律素养；另一方面是高校的管理建设，通过法制化方法与手段提高高校的治理结构和治理水平科学化与现代化水平。

高校校园法治文化建设是校园法治形成的重要条件，如何更好地推进高校校园法治文化建设，可以从以下几个方面进行深化落实：

第一，毫不动摇地坚持党的领导，建立健全党委领导下的依法治校管理体制和工作机制。首先是完善顶层制度设计。高校章程起着总揽全局的重要作用，高校应当根据《教育法》《高等教育法》《职业教育法》《教师法》等相关法律法规，结合高校的实际情况，制定相关高校章程。高校章程是高校设立、运行、发展的合法性前提和基础；高校章程不仅是高校落实自主管理、自主办学的基本依据和重要保障，还有利于引导高校的学术化回归。其次是重视法治建设。始终坚持把校园法治文化建设作为高

①　习近平：《决胜全面建成小康社会　夺取新时代中国特色社会主义伟大胜利》，中国共产党第十九次全国代表大会报告。

校工作的重要内容，各级领导干部要善于运用法治思维和法治方式来解决纠纷、开展研究。坚持民主集中制，对于"三重一大"等事项做出决策时必须经过集体讨论。再者是健全、完善工作机制。党是中国特色社会主义事业的领导核心，在高校中应当坚持和完善党委领导下的校长负责制。校长作为高校的法人代表，必须始终坚持校党委的领导，结合高校实际情况，成立依法治校领导小组，积极推动校园法治文化建设。

第二，不断深入强化法治意识，创新依法治校治理结构。首先是完善法治工作机构。高校根据实际情况，可以设立校园法治办公室，主管高校日常的法律事务：参与审议高校签订的合同、协议，解决校园内发生的各种纠纷，开展法治文化讲座，组织法律培训，同高校的法治顾问机构保持密切联系等。其次是实施法律顾问制度。当前，各级政府及事业单位聘请法律顾问已经成为一种趋势，高校作为事业单位也应当聘请相应的法律顾问，为高校的教学管理及对外交流提供法律服务，为高校的法治化建设保驾护航，这也是校园法治文化建设的应有之义。再者是将校园法治文化建设列入高校发展规划，进行统筹布局。各个高校都应当将校园法治文化建设纳入年度考核目标，深入评析校园法治文化建设过程中存在的不足，强化法治管理大格局，做到依法治校工作有目标、有步骤，稳步推进①。

第三，始终坚持"三个结合"，不断提高高校校园法治文化建设水平。首先，坚持依法治校与从严治党相结合。在社会主义新时期，要切实推进高校教育系统全面从严治党、依法治校工作向纵深发展。要认清形势，强化担当，切实履行主体责任；加强领导，健全组织，夯实高校党建基础；定格落实，全力推动，提

---

① 黄佳：《法治中国背景下高校法治教育的发展》，《思想政治教育研究》，2015年第2期。

升党建质量。高校各级党组织要牢固树立"围绕党建抓教学，抓好党建促教学"的理念，全体党员应当认真履职，在教师队伍中充分发挥党员的先锋模范作用。全体教师干部职工要把握廉政建设新形势，做政治上的"明白人"；认真贯彻落实中央的八项规定，做作风转变的参与人，要持续加强作风纪律建设，规范行政，依法治校，促进全面从严治党和依法治校工作向纵深方向发展，营造出良好的校园法治文化氛围。其次，坚持依法治校与民主管理相结合。一方面应当全面推行校务公开。公开高校中的职能部门设置、工作权限及监督投诉方式，涉及高校的重大决策事项也应当及时公开，进一步提高公开的透明度。建立校园监察委员会，加强民主监督，充分发挥教师代表大会、职工工会、学生会等校园团体的作用，使高校在阳光下运行、管理。另一方面，拓宽民主参与渠道，高校根据实际情况可以成立各种委员会，对于高校的日常教学、管理等重大决策事项可以向专家、学者请教。最后，要毫不动摇地坚持依法治校与维护稳定相结合。伴随着社会的发展进步和高校的办学体制改革，在高校的内部教学管理和外部合作中涉及越来越多的纠纷，高校所面临的民事法律争端呈现出增多的趋势。据此，应当建立健全对外接访制度，针对师生提出的问题应当认真倾听，及时解决。制定安全防控机制，将高校中出现的不安全因素消灭在萌芽状态；完善校园规章制度建设，提高规章制度的法治化水平，营造出良好的校园法治环境。

三、新时期"立德树人"的基本要求

马克思曾经指出，从本质上看，人不是抽象的，就其现实性而言，人是所有社会关系的总和①。党的十九大报告中指出：要

---

① 《马克思恩格斯文集（第一卷）》，人民出版社，2009 年，第 501 页。

全面贯彻党的教育方针，落实立德树人的根本任务。要加强师德师风建设，培养高素质教师队伍。习近平总书记在全国高校思想政治教育会议上指出，高校立身之本在于立德树人。立德树人是新时代中国特色社会主义教育长期坚持的目标和任务，这样才能保障大学法治文化建设的健康与可持续发展。

（一）"立德树人"的含义

立德树人的内涵丰富，不同的学者对此问题有着不同的理解，但是立德树人的核心内涵可以概括为"以德性立人、树人以德性"。立德，就是坚持德育为先，通过正面教育来引导人、感化人、激励人；树人，就是坚持以人为本，通过合适的教育来塑造人、改变人、发展人。一部分学者认为，立德树人中的"德"具有两方面的含义，从道德方面看是指个人的道德修养，从价值观念看是指理想信念、价值观念，是一个人思想政治素质的集中体现[1]。立德树人中的"人"，是指社会主义新时期有理想、有道德、有担当的人。"立德的最终目的是树人，而树人的前提条件是立德。"[2]

立德树人要求我们要充分认识社会主义核心价值体系对于高校思想政治和德育工作的重要意义和价值。高校作为培养社会主义事业接班人的重要阵地，高校的思想政治和德育工作是社会主义价值观体系建设中不可或缺的一部分。要做好这部分工作，最核心的就是在高校中培养"德才兼备，以德为先"的高水平师资队伍和管理队伍，形成以德修身、以德服众、以德润才、德才兼备的用人导向。高校应当坚持这一思想并将其贯彻到教育教学的各个环节，用"德"字来培育、评价、监督教师和学生。要围绕

---

[1]　任世雄，江晓：《以社会主义核心价值观引领立德树人工作》，《北京教育》（高教版），2015年第2期。

[2]　周如东，张东，李晓静：《立德树人教育根本任务的内涵和理论基石解析》，《前沿》，2013年第21期。

"勤学、修德、明辨、笃实"的要求，从细微之处入手，形成课堂教学、校园文化和社会实践多位一体的育人平台，促进高校学生学会劳动、学会感恩、学会谦让、学会自律，让我们明白如何立德树人。

立德树人是根本，内涵建设促发展。办好人民群众满意的教育，意味着高校教育应当培育青少年学生的健康人格、美好心灵，让学生拥有终身学习和成长所需的知识和能力；意味着学生走出高校时，能够树立远大追求或者更加接近自己的理想，能够担当时代赋予的使命和责任。办好人民满意的教育，需要我们以立德树人为根本任务，坚持走内涵式发展道路，不断提升人才培养质量。教师也应当终身学习，为师者先善其德。立德树人还要求切实推动社会主义核心价值观进教材、进课堂、进学生的头脑。要充分发挥课堂教学主渠道的作用，全面深化课程新理念，不断完善有机衔接、循序渐进的课程体系和教材体系，把党的教育方针和社会主义核心价值观细化为学生核心素养体系和学习质量标准。立德树人要求我们积极营造践行社会主义核心价值观的高校校园文化氛围，要深入开展"爱学习、爱劳动、爱祖国"主题教育活动，将其作为社会主义核心价值观宣传教育；要深入开展爱国主义、民族传统、礼节礼仪等主题教育活动，着力创造体现社会主义法治理念的优秀校园文化，加强高校校园文化建设和管理，形成良好的校园文化环境。

（二）"立德树人"的现实意义

我们党提出立德树人的根本教育宗旨，对于教育事业的健康发展具有重要的指导意义，其主要表现如下：

第一，立德树人有利于高校学生的"三观"培育。习近平总书记 2014 年在北京大学座谈时指出，青年的价值观决定了未来整个社会的价值取向，而高校学生又处于价值观形成和确立时期，抓好这一时期的价值观培养至关重要。2014 年，习总书记在北京师范大学和澳门大学考察时，要求广大教师要引导和帮助青少年学生扣好"人生第一粒扣子"。当然，在高校青年学生形成正确价值观的过程中，一定要注意引导。价值观简单地讲就是是非好恶，既是一种态度的表现，也是一种行为方式的选择。对于青年学生，党和国家强调要培育社会主义核心价值观。总的来看，价值观涉及两个方面的问题，一个是道德价值的选择，另外一个就是政治价值的选择。对于青年人而言，培养他们的道德信仰和政治信仰都格外重要。当然，在价值观的培育过程中，道德信仰和政治信仰需要做必要的区分，也需要有机地结合。从道德价值的角度看，一个重要的方面就是传承中国优秀传统文化，这个内容在课堂上（不仅中小学课堂，也包括大学课堂）都有不同程度的涉及，但是还是比较碎片化，并未形成系统的、完备的体系，没有能很好地把中国优秀传统文化所弘扬的优秀价值观体现出来。对于青年的教育，我们要从道德的角度，从传统文化的角度，把中华传统文化中的东西梳理、提炼出来，并赋予其现代内涵，形成系统的、递进式的教育内容，有利于青少年形成良好的道德信仰、道德价值，同时对于弘扬社会主义道德观、价值观都很有意义、很有作用。同样，政治观念也一样，对学生而言，从小学到中学再到大学，如何认识我们的党、我们的国家，如何认识我们的国体、政体，如何认识我们的中国特色社会主义道路，对这些问题的认识，有一个逐步递进、不断深入的过程。还要注意针对不同年龄段学生的教育方式方法，这样才能真正有利于青少年正确价值观的形成。在培育高校青年学生价值观的过程中，把道德价值和政治价值有分有合地结合在一起，对于培育青年学生树立正确的"三观"具有重要作用。

第二，立德树人有利于引导青年学生健康成长。当代青年大多出生在我国社会主义市场经济建设时期，市场经济建设时期给人的选择余地很大，但同时也是一个相互竞争、思想观念多元化的时期。此外，当代高校青年身处信息技术突飞猛进的时代，他们可以说就是天生的互联网的"原住民"，他们运用、依赖互联网。互联网"原住民"的特性决定了他们获得的信息量很大，知识面广，但是，由于互联网上的信息多样、复杂，青年学生辨别信息良莠的时候存在一定的难度。这就需要树立正确的"三观"，在大学阶段就要把基本的"总开关"定型下来。广大教师要告诉青年学生怎样去看待世界，怎样去看待社会，怎样去辨别事情。青年学生在树立了正确的"三观"之后，就逐步确立了看待社会、看待世界的科学方法和思路。正确引导青年学生看待事情，要做到以下几点：首先，要有历史的视角。针对某些社会问题的出现、社会的发展变化，青年学生应当从历史的角度去看待。从过去、现在和未来的维度来看，对于问题的把握就会准确很多。比如我们看待这些社会现象，看待社会的发展阶段就应该有历史的视角。我们当前所处的阶段是社会主义初级阶段，我们当前碰到的相关问题，其实在工业化进程中，西方社会也同样经历过。了解我们所处的阶段，从历史的视角看待这些问题自然就会容易弄明白了。其次，要有全面的观点。从某一个角度看待事物、判断事物，可以得出一个结论，但是这个结论未必全面、客观、科学。如果过于偏激，可能会走向极端。如果用全面的观点去看待，可能把握得会更加准确。再次，就是要有发展的眼光。社会发展到今天，不是到这里就停止了，我们现在存在的社会问题，包括取得的成就都还在变化，不断往前发展进步，存在的一些问题也会在发展的过程中解决，因此，需要用发展的眼光看待问题。最后，需要有辩证的思维。用辩证的思维看待事物、看待社会现象，能够更加全面地把握事物，能从正反两方面去看待事物，就能更加有助于理性地去分析、判断和解决问题。当代高校大学生应当形成正确的"三观"，有判别善恶是非的能力，同时也要善于用辩证的方法、视角判断人和事，看待社会现象。

第三，立德树人有利于高校提升教学实效。历年来，我国高度重视人才培养工作，高等教育改革始终紧紧围绕着如何更好地培养适应社会主义现代化建设的高素质人才，但是人才培养的中心是"立德树人"，"德"是首要地位，"人"是根本，所以高校不仅仅是教授专业知识，更重要的是要培育出有理想、有信念、有责任担当、具备优秀专业知识的高素质人才。当前西方意识渗透愈演愈烈，高校必须牢牢把握好"为谁培养人"这一原则性问题。大学生也应当做好自我定位，正确地看待历史，全面地了解世界，在"三观"形成的过程中，不仅仅要学习好专业知识，更需要增强理性分析思维，提高分析判断能力。只有自觉地运用历史眼光和辩证思维，深刻地理解中华文明作为"四大文明"中持续发展、当今唯一现存的人类历史文明的根源，深刻地理解近代中华民族在艰苦卓绝的探索中最终找到了适合中国国情的发展道路的历史，深刻理解中国共产党领导的全国各族人民争取民族独立、国家解放，开辟中国特色社会主义道路的艰苦奋斗的历史，才能深刻体会到今日国家之富强、人民的幸福安康来之不易，才能真正地理解坚持中国特色社会主义道路是人民历史的选择。我国高等教育的目标、办好大学的目标、人才培养的最终目的，这些都与"为谁培养人"这个根本的、原则性的问题紧密相连，具有提纲挈领的意义。"四个服务"是对立德树人的具体化，是高等教育发展在实现中华民族伟大复兴的"中国梦"和实现"两个一百年奋斗目标"过程中所要承担的责任。当前，在"双一流"建设背景下的人才培养，必须牢牢把握好人才培养的方向，只有方向正确，才能确保人才培养真正具有成效。因此，立德树人是高校培育高素质人才的根本。

第二节　高校校园法治文化建设的系统审视

一、高校校园法治文化建设的发展

经过 40 多年的改革开放，我国社会面貌焕然一新，法治化进程也在不断推进，并取得了长足的进步。在社会主义新时代，以习近平总书记为首的新一代中央领导集体提出了"全面推进依法治国"的伟大历史命题，建设社会主义法治国家。建设法治校园是全面依法治国战略在高校当中的具体体现，是高校将法治纳入校园、培育和弘扬校园法治文化的实践。

随着我国高等教育的不断发展，校园法治文化建设的重视程度也不断加深。新中国成立以后的很长时期，我国高校并未开展法学教育，这是和当时的社会大背景密不可分的，当时虽然也有《宪法》《婚姻法》等为数不多的法律，但是在日常生活中还是依靠党的方针、政策、命令等作为管理社会的手段，而法律最终被当作"象征""图腾"，束之高阁，没有得到实际的运用。同样的，在高校当中也没有相应的、系统的法律教学，所以，当时的师生法律观念淡薄，法治意识缺失。但是，社会发展到今天，我国在 2011 年已经建立起中国特色社会主义法律体系，有一套符合国情的法律制度，法治建设水平不断提升，人民的法治观念越来越强。在社会主义新时代，我们党提出了全面推进依法治国、建设社会主义法治国家的命题，我国的法治建设进入了一个崭新的阶段。与此同时，我国高校校园法治建设越来越受到重视。根据教育部的最新文件，目前我国高校中开设法律专业的多达 611 所，说明法律专业越来越被社会所认可，法律的作用也越来越凸显。"思想道德与法律基础"作为基础课程，课程内容不仅关注社会主义道德的培养，还更加注重法律意识与法律思维的培养，以此引导大学生认识社会、珍惜生活、尊重他人、崇尚法德，形成正确的人生观、价值观、道德观和法治观，做出正确的价值判断和价值选择。

随着我国社会主义法治进程的不断加快，建设社会主义法治国家的愿望越来越强烈。此目标的实现是建立在公民整体较高法律素质的基础之上的，故而国家十分重视高校法治教育工作，将高校作为培育社会主义事业接班人的重要基地。我们可以从近年来党的方针政策窥探一二：党的十六大提出"加强法治宣传教育，提高全民法律素质"；党的十七大提出"深入开展法治宣传教育，弘扬法治精神"，党的十八大提出"建设社会主义法治国家"，党的这些方针政策也体现出国家越来越重视法治，越来越重视法治教育。党的十八届四中全会首次以全会主题的形式提出"依法治国"，可见法治的重要性，并且强调加强法治教育工作，体现了法治教育的突出地位。政府相继出台了一系列关于法治教育的文件，如《依法治教实施纲要（2016—2020 年）》《青少年法治教育大纲》等，这足以体现出国家对于高校法治建设的重视程度，这也有利于不断推进我国的民主化进程，有利于依法治国战略的实施，最终实现社会主义法治国家的宏伟目标。

各个高校深入贯彻落实全面依法治国的总体要求，认识到高校法治教育对于全面实现依法治国总方略具有重要意义，积极承担起为社会主义现代化建设培养高素质人才的历史使命。当前，各大高校几乎都开设了有关法律课程的选修课，让更多非法律专业的学生系统地学习法律知识，不断完善校园法治教育课程体系。为了提高高校学生践行法治的自觉性，高校在发挥法治教育的基础之上，通过开展一系列的法治主题教育活动，来加深学生对于法治的理解与认可，这些主题教育活动主要包括法治主题演讲比赛、法律知识竞赛、宪法知识竞赛、法治教育下基层等。高校为了培养学生的规则意识和法治意识，制定了一系列的规范规定，如《普通高等学校学生管理规定》《高校学生学籍管理规定》《学生考试纪律规范》等，这表明高校法治教育从未间断过，法治教育贯穿于高校法治建设的全过程和各个方面。

二、高校校园法治文化建设缺乏制度保障

当前，我国的高校校园法治文化建设已经取得了重大进步，是社会主义法治建设的重要组成部分，但是在具体实施的过程中还存在着校园法治文化建设缺乏制度保障的问题，主要体现在以下几个方面：

（一）高校规章制度建设存在的问题

高校制定章程不仅仅是其规划发展的过程，亦是不断反思、总结、学习的过程，最终目的是提高办学层次，因此，高校发展校园法治文化首先应当建立完善的程序制度——建立高校章程①。高校管理水平的高低与规章制度的完善与否密切相关。改革开放以来，我国高校积极推进规章制度建设，取得了丰硕的成果，有效地弥补了高校管理中的空白和薄弱环节。但是随着社会的快速发展，相应的高校规章制度还未能及时调整，制度体系不够健全完备，主要体现在以下几个方面：首先，宏观的、统领性的规章制度缺失或者不够完善，如很多高校章程不健全。其次，规章制度的内容不健全，有的方面存在制度空白，某些领域还处于无章可循的尴尬境地，面对新问题、新情况，常常仍然处于个案处理上，并未上升到规章制度的层面。再者，存在着总体失衡的问题，如：义务性的规范较多，权利保障制度较少；关于高校和老师的规章制度比较多，而关于学生的较少；实体性的制度较多，而程序性的制度比较少。最后，规章制度之间存在重复交叉、自相矛盾的情况，高校中各个部门各行其是，就同一事项制定不同

①　刘作翔：《法治文化的几个理论问题》，《法学论坛》，2012 年第 1 期。

的规章制度，而这些制度之间本身可能存在着矛盾。

高校规章制度的制定程序不够规范。规章制度的制定需要经过一系列环节：立项、审批、起草、征求意见、审核、修订完善、签发实施，等等。但是目前一些高校在规章制度的制定过程中都存在着不同程度的程序不当问题，主要体现在以下三个方面：首先，没有统一的规划或调查研究，遇到问题就"闭门造车"制定制度，缺乏对实际情况全面、深入的了解，也缺乏对规章制度的必要性、可行性的深入研究。其次，高校规章制度的制定较随意，缺乏科学性和系统性。一些高校规章制度的起草，往往不是通过成立起草小组来研究制定，而是由高校职能部门负责具体事务的几个人甚至是个别人来完成，这些人中多数都不具备法律知识和文秘知识，制定出来的规章制度自然在规范性、权威性和科学性上效力减损。再次，一些高校在制定规章制度的过程中不重视正当程序原则，如规章制度制定过程中应广泛征求意见，民主参与，并通过法定的程序才能生效等，但是一些高校在制定的过程中并未注意这些环节，最终导致程序不当、不合规的现象发生。

（二）高校内缺乏有效的权力监督机制

当前，我国已经进入社会主义新时代，改革开放也已经进入了"攻坚区"与"深水区"，未来国与国之间的竞争势必是高端人才之间的竞争，高端人才的培育最终取决于教育的高质量发展。国家适应时代潮流提出了"双一流"的教育发展战略，全面深化教育改革。我国目前的高等教育存在着一些问题，如高校内的专家、教授、学者等在日常的行政事务中参与度不够；高校内缺乏非常有效的权力制约与监督机制，容易导致权力寻租空间的出现，滋生腐败，不能为学术研究、培育人才提供一片净土。

受到科层制的影响，高校虽为学术单位，但它的学术权力的作用受到了党委权力和行政权力的严重挤压，高校的学术权力被限制在某些领域内。一些学术活动、科研项目的启动及运行等环节都需要经过行政部门的层层审批，手续烦琐。此外，高校教师代表大会和学生代表大会未能真正发挥其职能，其参与民主管理和监督的权利并未得到真正的体现，不能对决策权、行政权和执行权进行行之有效的监督。学术权力日渐衰落，有的高校甚至存在学术权力缺位的情形，这是由多种因素造成的，但是最主要的是由于学术权力缺乏必要的执行载体和执行力度。同时，在高校内监督机制不健全的时候运行学术权力，若是过于强调学术权力，可能会引起其他权力的滥用，容易滋生学术腐败现象，最终将影响学术的权威性与专业性，更为严重者可能会对高校的治理结构及权力运行产生重大影响。

（三）高校内治理结构不健全

随着"双一流"建设的持续推进，高校治理中长期积累的问题进一步凸显，主要表现为：党委与行政的权责不分、学术权力示弱、行政权力泛化等。上述的诸多问题反映了我国高校治理结构中存在的不足之处，需要进一步解决。高校治理结构的不健全，会影响到教学、科研、对外交流，甚至会影响到高校的社会责任的履行。因此，如何有效解决高校的治理结构不健全问题，协调各方关系，整合资源，成为当代迫切需要解决的一个重要问题。概括之，高校的治理结构不健全主要体现在以下几个方面：

第一，缺乏现代化的治理观念。现代化的高校治理观念对于高校的治理至关重要。首先体现为法治化的治理观念的缺失。在我国建设法治化国家的大背景下，实现依法治校，高校必须将法治理念贯彻到依法治校的全过程和各个方面，用法治思维和法治方式推动高等教育改革。当前，高校中存在着"官本位"的思想，对依法治校存在着片面的理解，将治理当作管理，缺乏法治理念和服务理念，用简单、粗暴的手段来管理行政，用行政手段来对待学术问题，并未真正地树立起"以人为本""依法治校"

的理念，因而导致高校中存在很多问题。其次，依法治校的理念不坚定。随着改革开放的不断深入，治理体系不断革新，很多专家、学者对西方资本主义国家的治理体系进行了深入研究，提出了很多具有借鉴性的观点，但是也存在着部分人鼓吹西方的治理模式，主张片面的"拿来主义"，这种观点没有正视我国现行的高校治理体系在服务社会、科技革新、人才培养等方面的积极意义，更忽略了用发展的眼光来看待我国高校治理。高校治理结构的形成与发展是历史与文化发展的产物，必须从我国的实际国情出发，既不能妄自菲薄，也不能妄自尊大，而应当顺应教育改革的发展要求，在适度借鉴的基础之上，结合我国当前高校治理的实际情况进行创新。

第二，外部强制性因素对于治理结构的影响较大。中华人民共和国成立以来，我国高校的内部治理结构经过了一系列的革新。在此过程中，长年实行的都是国家投资办学模式，政府对于高校的管理习惯上是用计划经济的思维模式，往往会把自己定位为"教练员"和"运动员"。因此，可以说计划经济时代的高校是政府的附属产物，没有自己独立的意志，政府通过各种政策、命令等行政手段的方式来主导高校的发展，这种模式存在着资源配置渠道单一、评价主体单一、行政命令主导等特点，高校受到来自政府的外部影响过多，不能真正做到独立办学，导致高校自身内在动力不足。不可否认的是，在特定时代下，强制性的制度变迁方式对于高校的快速发展起到了积极的推动作用，但是随着我国高等教育的发展，在当前高校的治理变革中，政府只是来自于外部的因素，要想使高校得到快速发展，政府必须赋予高校更多的自主权，主要依靠高校自身发展规律的内在逻辑来实现。

第三，在治理体系上缺乏制度性基础。高校章程是建设当代大学制度、完善高校内部治理结构的重要基础，高校章程是当代高校的基本要素，是落实高校法人地位的基石和标志。如今，我国高校章程建设已经取得了长足的进步，但是很多高校还存在着一些问题，例如章程的目标不明确、权责界限不清楚、缺少弹性发展机制，等等。首先是相似度较高，很多高校的章程都是大同小异，没有体现不同大学的差异性和特色，并未充分体现当今"双一流"的战略目标；其次是权责界限不明确，针对性不强，例如相关高校的学术委员会、校务委员会的职能分工不明确，分配机制不完善；再次，章程缺乏必要的弹性机制，并未考虑到社会发展变化的因素的影响，因此，在现代高效章程的制定过程中应当赋予弹性的发展理念。

（四）高校利益表达机制存在的问题

稳定、和谐的校园环境是高校教育改革和发展的基础与保障。随着时代的进步，信息技术的飞速发展，高校师生的法律意识、民主意识和维权意识不断增强，迫切希望完善高校的利益表达机制。为了完善这一机制，高校应当进一步加速推进法治化进程，拓宽社情民意的诉求渠道，将师生的诉求纳入制度化、规范化和法治化的轨道。完善的利益表达机制是促进校园安全、稳定的"安全阀"，有利于切实构建和谐、有序的校园环境。

目前，有些高校的学生因为入学、学籍管理、住宿、奖学金评定、学位授予、处分等问题与校方发生了矛盾，更有甚者还将高校告上法庭，这从根本上反映了高校在推进依法治校过程中的不足。具体来讲，引发大学生利益表达机制的原因主要体现在以下几个方面：

首先是大学生的利益表达可能存在非理性。一些高校学生可能对于各种社会思潮和社会现象缺乏理性辨别和分析能力，经常是以自我为中心，往往在追求自身利益的过程中注重权利而忽略义务，当认为自身的权利受到侵害时，容易出现情绪化现象、虚假表达和非法表达等非理性现象。例如，经常在网上、手机里传播虚假信息，恶意谩骂宣泄情绪，甚至捏造虚假信息。大学生的利益诉求往往集中体现为奖学金、助学金等相关问题，却忽视了精神层面的追求。

其次是高校的重视力度不够，措施不力。很多高校并未树立起"以人为本"的教学理念，始终认为学生作为一个被管理者，需要无条件服从学校的管理、无条件遵守学校的规章制度，在这种思维模式下，很容易忽视学生的利益诉求。而当学生遇到问题向高校提出建议、诉求时，高校若不能给出及时、满意的处理，很有可能引起学生极大的不满，使矛盾加剧。如果高校忽视大学生的利益表达诉求，教育管理措施没有落实到位，大学生利益表达诉求的渠道过于单一，就会严重影响学生的利益表达，从而引发新的教育管理问题。

再次是缺乏制度化的利益表达机制。科学技术的飞速发展，使大学生拥有越来越多的渠道来维护自身的合法权利。但是，如果没有完备的制度保障，并非所有的表达都能产生理想的效果。当前，很多高校并未形成一套完整的利益表达机制。第一，学生的利益诉求增加与渠道单一存在着矛盾。如今，社交网络发达，诸如 QQ、微信、微博等新媒体的出现已经成为大学生表达诉求的重要途径，但是很多高校目前仍然停留在座谈会、信箱、问卷调查等传统层面，缺乏对于新媒体时代大学生利益诉求的保障。第二，权利救济渠道不畅通、申诉制度不完善，不能够很好地保证学生的合法权益，学生即使表达了合法权益的诉求，最终也不一定能够得到有效的保障。第三，部分高校的民主保障措施不是很完备，缺乏明确的规章制度来支持师生参与和监督，致使广大师生不能很好地参与到校园事务中去。

另外，教职工在利益表达机制上存在着以下方面的问题：首先，教师代表大会与工会（以下简称双代会）发挥作用不充分。教师代表大会与工会发挥作用的好坏直接关系到教职工参与民主管理维护权利的程度。当前，由于各种因素的复杂影响，双代会作为教职工进行利益诉求的渠道作用发挥得不是很明显，有些双代会缺乏责任意识，不能深入人民群众开展调研，对于教职工的利益诉求不够重视，往往应付了事。双代会有时缺乏长效运转机制，也会影响到教职工利益诉求的表达。其次，教职工的合法维权意识不强。虽然高校教职工具备很高的知识素养和思想道德水平，具备一定的法律素养，但也有少部分教职工在自身权益受到侵犯时不能通过合法、有效的途径来解决，认为"大闹大解决，小闹小解决，不闹不解决"。在这样思想观念的支配下，这部分教职工往往会采取非法治化的方式来表达个人诉求，严重影响了高校正常的教育管理秩序。再次，信访表达机制不完善。当前，高校的信访工作需要进一步加强，信访部门的反馈机制不够健全，一些问题反映后很长时间都得不到回馈，使得教职工对于信访部门不再抱有任何希望。信访部门的处境也很尴尬，有很多问题错综复杂，一般只能起到接待、向有关部门反映的作用，既不能立案也不能起到结案监督的作用，信访部门协调不成功似乎也无权解决①。最后，在网络媒体上表达利益诉求的随意性。在传统的传媒领域，因为信息的发布需要经过层层把关，信息的传播具有很强的选择性。但是由于当今网络的自由性和开放性，新闻传播不需要经过传统新闻那样的审核流程，具有了很大的随意性。这种状况一方面拓宽了教职工利益诉求的渠道，另一方面也增添了教职工表达自己诉求的随意性。教职工通过信息网络表达自己的利益诉求时，个人的言论传播得更加快速与广泛，有的人为了增加自己言论的影响力，甚至人为制造热点，引发舆论。此外，部分高校对于教职工的言论发表缺少必要的监督和有效的引导，往往采取消极漠视的传统策略，这种策略可能会起到一定的

---

① 赵建明，倪洪尧：《新时期高校教职工利益表达途径及其优化》，《高等农业教育》，2010 年第 7 期。

临时效果，但长久来看，由于教职工的利益诉求并未得到妥善解决，很容易造成矛盾激化，问题也愈演愈烈。

三、高校校园法治文化建设缺乏特色创新与实践效果

培育高校校园法治文化是高校法治的最终目标，是法治化治理的必然选择与必然要求。高校校园法治文化是高校法治化治理的系统化，它将法治作为一种文化符号，彰显了法治在高校治理中的核心作用。如果在法治文化建设过程中单纯地讲法治但是却没有形成校园法治文化，这种法治只是流于形式的，必然不能长久，更无法确保法治在治理中的作用。必须将高校法治落到实处，形成一种文化，任何人都将崇尚法治、遵守规则作为一种习惯，方可说是真正的法治，才能确保高校法治文化建设在法治的轨道上运行。高校法治文化具有凝心聚力、精神引领的作用，是调动广大师生投身于高校现代化建设的蓬勃动力。社会主流价值很大程度上体现在制定良好的制度规则，符合最广大人民群众的根本利益，能够赢得社会群体的最大程度的支持、理解与尊重。高校中的各类规章制度是参与高校治理的各方意志的共同体现，人们普遍遵守各种规章制度，并不意味着违反规章制度的行为不会发生，此时就应当通过开展各种各样的法治宣传教育和对于违法行为的追究，强化规章制度的作用，形成法治文化后，人们自然会遵守规则，形成"守法光荣，违法可耻"的高校校园法治文化建设氛围，高校法治必将成为高校治理的常态化，高校的规章制度也必将成为全体师生的精神依托与行为准则。高校法治文化对于大学生的熏陶，将有助于大学生以更高的法律素养走向社会，这也彰显了法治文化建设的价值。

我国高等教育领域深化改革的历程，就是不断激发内部活力、促进科学发展的过程。当前，为"双一流"建设，高校校园法治文化建设如火如荼，高校的校园法治文化建设也已经取得了

一定的成就，但是总的来看，目前的校园法治文化建设还存在着很大的问题，主要体现在：高校的法治文化建设的目标设定不合理，未能综合考虑各种因素；高校校园法治文化建设缺乏校园法治氛围，只是流于形式；大多数师生的法治意识比较淡薄，不能作为校园法治文化建设的主力军。

（一）高校校园法治文化建设缺乏法治文化底蕴

当前，我国正在进行社会主义现代化建设，确定了全面依法治国战略，也取得了可喜的成果，但我们在为取得的成绩高兴时，必须清楚地认识到我们国家同西方发达资本主义国家法治之间的差距。这并不是鼓吹西方法治的优良性，需要照搬西方法治，而是应当深刻认识到自身的不足，知耻而后勇，厚积薄发。我们国家的法治建设经过几十年的发展已经取得了巨大的成就，但是应当看到仍然存在着不少问题，这与我们的法治文化传统不无关系。在两千多年的封建社会中，社会治理的主要方式有皇帝的诏令、道德和法律，但是，那时候的法律更多的是封建帝王意志的体现，这就是人治，根本不存在所谓的法治，即使有那也是为封建统治阶级服务的，和我们今天所讲的法治不是一个概念。人治的思想长期以来影响着人们，虽然经历过几十年的法治建设，这种思想有所缓解，但是并没有从根本上摒弃，这极大损害了法律的权威性与至高无上，同时这也为腐败的发生提供了滋生的土壤。现如今依然存在人情案，这不仅仅是因为部分民众不信任法律，有时也是官员们对于法律尊严的践踏，发生法律纠纷时他们不是诉诸法律，而是靠"走后门""托关系"来解决问题，将法律武器束之高阁，不禁令人感叹法治建设的艰巨性。但是，从相反的角度，我们更应当毫不动摇地加强法治建设，改变这种现象，这是建设社会主义法治国家所必须经历的过程。高校作为培育社会主义法治人才的大本营，法治文化建设的艰巨性体现得尤为明显。

（二）高校校园法治文化建设目标定位不合理

目前，高校校园法治文化建设过程中出现了校园法治文化建设目标定位不合理的现象，主要表现为：在重视对大学生进行法律知识教育的同时，忽略了他们对法律的信仰和法律思维的培养。法律知识的传授是外在的，是有很多途径可以获得的，在网络自媒体发达的今天，大学生可以通过网络的形式获得法律知识，但这并不代表高校不应该传授法律知识，而是对高校培养学生的法律思维和法律信仰提出了更高的要求。因为，法律思维和法律信仰是内在的，具有不可复制性，每个人对于法律都有不一样的理解，它需要更好地引导。大学生还处于学生阶段，社会阅历比较少，难免会出现一些错误，因此高校应当更加注重法律思维与法律信仰的培养，帮助学生树立正确的法律价值观念，这同时也是对于中国传统法治文化建设的重大革新①。要想真正地在高校学生心中树立正确的法律价值观念和法律信仰，就不应该过分地教授法律条文，这样容易产生消极懈怠的守法情绪，难以真正地发挥法律的价值导向作用和规范作用，更不可能令大学生产生深刻的内心体验和坚定的法律信仰②。

（三）高校校园法治文化建设缺乏科学决策机制

校园法治文化建设的目标之一就是提高高校的办学质量和管理水平，而高校办学质量和管理水平的提高依赖于科学的决策机制。事务的执行离不开科学的决策程序。高校校园法治文化建设也不例外，其中涉及的决策体系、决策者的个人素质、决策程序等极为重要。但是，仔细考究国内高校的决策机制，不难发现存在着决策者对于决策事项认识不够深入、决策权太过集中、缺乏

---

① 王德斌：《当前高校校园文化建设存在的问题及对策探析》，《思想理论教育导刊》，2009 年第 6 期。

② 张蕊：《关于高校法治文化建设的几点思考》，《人民论坛》，2012 年第 23 期。

行之有效的决策程序、决策监督不到位等情形，最终影响决策的质量。具体表现如下：

第一，决策者缺乏必要的决策素质。高校决策者在高校一系列的决策过程中扮演着重要的领导者角色，决策目标、决策方案的选定及最终执行都离不开决策者的统筹，决策最终能否被科学制定、规范执行取决于决策者个人素质和能力的高低。就目前我国高校的决策者而言，普遍存在着以下问题：首先是没有正确认识到决策事项的重要性，或是思想观念较为陈旧，或是急功近利，不能理性分析决策事项。其次就是知识体系缺乏更新，社会情形瞬息万变，高校决策事项也越来越多，这势必要求高校决策者拥有敏锐的洞察力、决绝的决断力来科学决策、正确判断，有时高校决策者缺乏必要的知识储备、个人综合素质比较低，往往会导致最终决策失败。再次是部分决策者缺乏较强的责任感，当前高校中的绝大多数决策者还是能够清醒地认识到自己的职责，富有责任心和使命感，严谨、认真地对待决策，但是，还是有部分决策者缺乏民主意识，不经集体讨论，武断专治，单凭自己的主观意识就做出了决策，以至于决策失误，对师生的利益造成巨大损害。

第二，决策程序不严谨。决策失败固然有决策者个人素质的原因，但是决策程序不严谨也是一个重要原因，主要体现为决策程序不科学、不严密。决策程序不严谨实际上可以理解为是没有程序化决策，在实际上表现为没有进行调研、问题提出、目标确定、方案形成、专家论证、民主讨论、民主表决、时时监督、反思回馈等过程。

第三，决策的信息化系统不完善。决策信息影响着决策能否最终完成，完整、对称的决策信息是科学决策的关键因素。决策信息就是指决策者为了确定目标、制定方案、做出最优选择所拥有的一切信息、数据和情报①。决策者在做出科学决策时，涉及大量的信息数据的收集、分类和处理，是一项任务量较大且比较烦琐的工作。目前，高校决策者在决策过程中由于受各种主客观因素的影响，所拥有的信息也不对称。一方面，我国高校中的信息化起步比较晚，缺乏健全的信息系统，没有专门的信息处理机构和人员来进行信息处理，导致反馈不及时；另一方面，决策者的信息敏锐度和信息处理能力不高也是重要的影响因素。

第四，缺乏及时的决策监督机制。科学决策的另一个重要过程便是决策评估，高校决策者在做出决策后必须通过科学的决策评价，才能做出一项决策是否达到了预期目标的判断；决策是否需要调整优化，需经过跟踪监督，才能真正地了解其执行的好坏，以便发现问题，及时纠正，最终确保决策目标优质完成。当前，我国高校决策者普遍缺乏监督评价意识，决策分工不明确，决策执行力度不够。究其原因，是由缺乏监督制度、人员素质不高、机构不健全、监督并未落到实处等造成的。

第三节　推动高校校园法治文化建设的践行落实

在全面推进依法治国的大背景下，针对高校中校园法治文化建设存在的一系列问题应当高度重视，高校之事绝无小事，事关社会主义事业接班人培养。为了不断推进中国的法治化进程，依法治校，培育高素质人才，应当不断推进高校校园法治文化建设。

---

① 者贵昌：《我国高校决策失误的表现、诱因及控制》，《高教探索》，2010 年第 4 期。

一、高校校园法治文化建设应当被高度重视

高校法治教育是依法治校的重要组成部分，能够解释当今高校法治建设过程中存在的一系列问题，能够深刻反映我国法治教育的根本目标与发展前景，影响面极为广泛，具有重要意义。校园法治文化建设的成功与否，直接影响着高校法治教育的目标能否实现。不言而喻，高校法治教育的目标就是培养具备法律素养的高素质大学生，从而更好地促进大学生的全面发展。为当前社会主义法治国家建设贡献出自己的力量，这是新时代每一个高校学生的义务与责任。

第一，高校应系统地教授高校学生法律知识，增强其法律素养。在校期间是高校学生学习知识的黄金时期，高校应当组织教学，系统地教授高校学生法律知识，使他们构建起最基本的法律框架。根据当前我国高校法律课程的开展情况，那些学生必须掌握的法律知识的课程必须开设，如法理学，其中涉及很多法学最基本的概念，对于高校学生了解法律学科、系统地掌握法律知识至关重要。此外，还应当结合学生自身专业的特点，有重点地开设相关法律课程，如作为医学专业的学生，就应当让其系统地学习医学方面的法律，如《母婴保健法》；若是财税专业的学生，应当让其系统地学习《税法》《公司法》等；若是外语类专业的学生，应当让其系统地学习国外的相关法律。类似上述情形不再一一赘述。高校主动开展课程系统地教授法律专业知识，对于学生个人来说，能够增强自身综合素质，提高公民竞争力；对于社会来说，有利于提高公民整体的法律素养，有利于构建社会主义和谐社会；对于国家来说，为国家法治的建设培育了一批又一批人才，有利于建设社会主义法治国家。

第二，应当将培育大学生的法律意识作为核心要务。高校大学生的法律意识培养是一项系统工程，应当分步骤进行，第一是

大学生的法律心理教育，第二是大学生的法律观念培养，第三是大学生的法律思维培养①。高校大学生养成良好的法律意识，有利于规范自身的行为，养成良好的生活习性、行为习惯，所以，应当大力加强高校学生法律意识的培养。校园法治文化建设过程中应当注意引导大学生将感性认识上升到理性认识，从法律心理着手，逐步引导高校大学生形成理性的价值观念。

第三，校园法治文化建设的重要目标之一是要提高学生的法律能力。"青年兴则国兴，青年强则国强"，着力培养青年学生的法律能力不仅是党和国家的基本要求，也是经济社会发展的客观需要，更是建设"双一流"高校的应有之义。到底何为法律能力呢？简言之就是能够将法律意识内化于心、外化为自己的行动指南，用来处理日常矛盾纠纷的一种能力。法律能力的内涵丰富，是由学法能力、守法能力和用法能力三个方面构成的，对大学生掌握此项能力提出了较高的素质要求，因此，高校应当加强大学生这三方面的能力训练，增强学生的法律能力，提高法律素质，使其用法律的手段来维护自身的合法权益。首先，高校应当培养大学生的学法能力，使其能够更好地掌握更多的法律知识，为其以后步入职场和服务社会打下坚实的基础；其次，要加强大学生守法能力锻炼，使其做任何事情都符合法律的相关规定，自觉维护宪法、法律的权威与尊严，敢于同一切违法行为做斗争；再次，要提高用法能力，培养大学生对于法律规定的敏锐度，通过开展一系列的法治宣传教育，使得大学生了解如何才能更好地运用法律来维护自身的合法权益，或者是维护除自身之外的其他主体的合法权益。法律能力的培养离不开大学生的切身参与，大学生应当积极投身于法律实践，通过多接触相关事件来提升自身的

---

① 金林南，蔡如军：《大学生制度法治教育思考》，《思想理论教育》，2016 年第 12 期。

法律素质。高校也应当为大学生法律能力的培养提供更多的机会，提升其法律素质，使其早日成为合格的社会主义事业接班人。

二、不断提升高校校园法治文化建设的实践效果

高校校园法治文化建设的重要内容之一就是强调对法律知识的学习，注重法治理念和法律能力的培养，坚定社会主义理想信念，坚定中国特色社会主义法治道路，将学习的法律知识内化于心，指导自己的行为[①]。这就需要培育高校校园法治文化。法治文化的培育是一个长时间积累沉淀的结果，不是一蹴而就的，但这并不意味着我们对法治文化建设无能为力而放任自流。相反，法治文化的形成是一个积极主动、共同努力的结果。从文化形成的动因来看，可以分为内源性和外源性。内源性是指本土文化自身的发展，它可以确保文化的传承，形成具有本土特色的文化，问题在于本土文化的演进道路漫长且实现质的飞跃比较困难。而外源性主要是指借鉴其他优秀文化对本土文化进行改造，从而使本土文化实现彻底变革或是断崖式发展，难点在于如何实现域外文化与本土文化的深度融合。近代以来，我国引进西方文化对本土文化进行了重构，目前已经形成了中国特色社会主义法律体系，在未来的很长一段时间内，法治文化建设的重点在于如何推动法律制度的落实与发展。高校校园法治文化建设，应当立足于中国特色社会主义全局，精准领悟法治的内涵，建立健全并严格落实各项规章制度，提高全校的法治意识，形成依法治校的新常态。

---

① 李九丽：《论校园文化熏陶下的大学生法治精神培养》，《学校党建与思想政治教育》，2015 年第 1 期。

（一）广泛普及法律知识

高校校园法治文化建设是全面推进依法治国和依法治校背景下高校治理的基本模式，提高广大师生对法治的理解是推进高校法治文化建设的前提条件，是从思想意识层面对法治的深刻理解和广泛认同。必须精准理解"法治是什么""法治的目标是什么""法治的精神实质又是什么"等问题，如果对于这些基本问题的理解不够准确、不够到位，就很难在实践中推进法治建设。当前，一些人对于法治的印象是法治离自己很遥远，对于法治处于无意识状态。因此，高校应当加大普法宣传力度，向大学生宣讲法律知识，使他们具备基本的法律知识和法律素养。

第一，要加强宪法知识的学习。宪法作为我国的根本大法，是治国安邦的总章程，对于宪法知识的学习显得尤为重要。将学习宪法知识放在学习法律知识的首要位置，这是由其特殊的历史条件所决定的，也足以证明其重要的历史地位。学习宪法知识，有利于更加深刻地理解宪法的实质精神，有利于树立宪法权威，增加自己的宪法自信，深刻地理解社会主义新时期我国大力推进社会主义法治建设的重大历史决定；学习宪法也能够更好地激励当代大学生以社会主义事业建设者的身份投身到高校校园法治文化建设中去。

第二，注重其他部门法律知识的学习。宪法作为治国安邦的总章程，起着总领全局的作用，实践中，很多问题的解决需要相应的部门法律规则，因此还需要加强部门法的学习。其他部门法可以分为实体法和程序法的学习，实体法包括民法、刑法、行政法、公司法、商法等部门法，程序法包括民事诉讼法、行政诉讼法、刑事诉讼法等法律。通过对实体法的学习，对基本的法律知识有着更为系统的了解，可以帮助在校大学生掌握更多的法律知识，明确建设社会主义法治校园的过程中应当注意的法律问题，界定社会生活中各种法律底线，明确法律与道德的界限，增强大学生对于法律的了解程度，通过了解实体法更加有利于明晰宪法中的相关规定，有助于树立宪法、法律权威。学习程序法能够更好地了解当前我国法律案件的办理过程，有助于增强大学生的程序正义的理念，能够逐步培养大学生法治思维和法律能力，使其能够运用法律手段来维护自身的合法权益。学习部门法，有助于当代大学生更好地理解马克思主义法学，提高其法律辨别的能力，在思想上重视法律的各项规定，在日常活动中以此为指引，更好地指导其社会生活，也有利于为法律信仰的养成打下坚实的基础①。

（二）培育高校学生法治理念

国家的立法、执法、司法活动应当以法治思想和法治理念为基础，法治理念对国家的法治活动起着总领的作用，具有指导性建设意义。对于每个公民来说，法治理念是其对国家法律历史、现行法律规定、法律活动等的概括总结，深深地根植于其内心深处，是其进行法治活动的精神指引，对其在日常生活中的法治习惯的养成具有重要意义。当前，在建设"双一流"高校的大背景下，高校开展校园法治文化建设活动，不仅仅是向大学生普及法律知识，提高他们的法律素养，更重要的是培育他们的法治理念。大学生具有了坚定的法治理念，就能够逐步形成法治思维，并以此指导他们的法律行为，可以更好地使高校大学生投身于校园法治文化建设，为社会主义法治文化的发展贡献出自己的力量。培育高校大学生的社会主义法治理念，应当从以下几个方面入手：

第一，开展依法治国的主题宣讲活动。当前，建设社会主义法治国家，必须毫不动摇地坚持依法治国的基本方略，这就要求

---

① 梅华：《论马克思主义法律观视域下法治校园的构建》，《法治与社会》，2013年第 12 期。

大到国家、政府，小到公民个人，都必须遵守法律的规定，将自己的行为限定在法律允许的范围之内，要将权力关在制度的笼子里。公民个人应当养成自觉遵守法律的好习惯，善于运用法律思维和法律方式来看待问题、处理问题。在加强高校法治校园建设的背景下，开展依法治校主题宣讲活动，有利于让大学生更好地理解依法治国的含义、内容及意义，有利于大学生树立宪法法律权威，有利于法治校园的建设。

第二，应当以执法为民作为本质要求。人民代表大会制度是我国的根本政治制度。国家的一切权力属于人民，人民是国家的主人，因此，社会主义法治理念必须将执法为民作为本质要求，这是由我国的国体和政体所决定的。在建设高校校园法治文化的过程中，宣讲执法为民的社会主义法治理念，有利于让在校大学生树立起"以人为本，保障人权"的基本理念，大学生作为社会主义事业的接班人，投身于社会主义现代化建设，从内心深处确立以人为本、执法为民的信念，在其今后投身社会主义现代化建设过程中，有利于其处理好各种涉及人民利益的关系，最终实现维护人民利益的目的。

第三，以公平正义为追求目标。公平正义作为社会主义法治理念的重要内容，彰显了社会主义和谐社会的价值追求，大学生作为接受过高等教育的精英群体，应当更多地关注公平正义。在建设校园法治文化的过程中，应当对大学生宣讲公平正义这一理念，让在校大学生更好地理解公平正义这一价值追求的内涵，并以此作为价值追求目标，只有这样，社会才能进步，法治社会才能更早建成，人民群众的利益才能从根本上得到保障。应当明确的是，法治的建设是全社会实现公平正义的最便捷、最有效的方式。

第四，以服务大局为重要的历史使命。我们党的宗旨是"全心全意为人民服务"，其所代表的是最广大的人民群众的根本利益，在社会主义新时期，人民群众最大的目标就是实现"两个一百年奋斗目标"和"中国梦"，最终实现中华民族的伟大复兴。加强社会主义法治建设是由中华民族伟大复兴的历史任务所决定的，社会主义法治建设也最终是为这个大局服务的。在宣讲社会主义法治理念的过程中，提倡大局意识、国家意识、社会意识、团体意识，引导大学生养成大局观念，以主人翁的姿态步入未来的社会主义现代化建设过程中，为服务国家和社会做出自己应有的贡献。

第五，毫不动摇地坚持党的领导。社会主义现代化建设的核心是坚持党的领导，党的领导是社会主义法治建设的灵魂，是社会主义法治国家建设最根本的保障。在法治校园的建设过程中，培育大学生的法治思维和法治观念，必须深入贯彻党的领导，以人民的利益为最根本的利益，方可发挥社会的最大活力，才能更好地建设社会主义法治国家，才能更好地兼顾到最广大人民群众的根本利益。

（三）重点是培养法律能力

法律能力的形成并非是一蹴而就的，而是一个长期积累的过程，需要在不断学习法律的基础上，通过法律实践，最终将法律知识转换为自身的法律能力，解决日常生活学习中的种种矛盾，维护自身的合法权益。法律能力的塑造实质上是一个感性认识向理性认识飞跃的过程①。培育大学生的法律能力不能仅仅依靠法律知识的传授、法律理念的学习，若高校与此同时能开展相关的法律实践活动，将更加有助于大学生将法律知识转化为法律能力。高校大学生作为接受过高等教育的精英群体，培育大学生的法律能力应当作为校园法治建设的一项基本任务。对大学生的要

---

① 高山，林绵优：《论依法治校在高校发展中的重要作用》，《当代教育论坛》，2008 年第 11 期。

求应当高于其他社会群体，对于大学生而言，法律能力不仅仅体现为运用法律的方式来解决纠纷，更重要的是可以用法律思维、法治观点来看待社会。

学法、懂法、守法、用法是培育大学生法律能力应当具备的四个步骤，其中守法具有丰富的含义：既指能够用法律方法、法治思维来处理各种日常事务，还指可以运用法律手段维护国家、社会、集体、自身的合法权益，除此之外还包括可以运用法律来解决日常纠纷，形成依法办事的好习惯，维护自身合法权益，保障社会安定有序。如今，社会上存在一些损害宪法法律的权威与尊严的行为，在建设法治校园的过程中应当同这种行为做斗争，自觉维护宪法法律尊严①。

（四）培育大学生的法律信仰

法律信仰对于社会主义法治建设起到了至关重要的作用，甚至可以影响到社会主义法治建设的进程，因此，必须培育民众对法律的信仰，以此来促进社会主义法律秩序的构建。回顾改革开放以来的法治建设，法律信仰在法治国家建设过程中显得尤为重要，它是建设法治国家的重要因素，是公民对于宪法法律权威地位的强烈信念，是宪法法律至上的体现。若是缺乏了法律信仰，社会主义法治建设的各个过程也就难以顺畅。因此，高校应当将培育大学生法律信仰作为法治校园建设的重要一环，在大学生内心树立起宪法法律的权威地位和法律至上的观念。

首先，要增强权利意识，这是培育法律信仰的前提条件。权利是一部法律的重要组成部分，一部没有权利内容的法律是不能引起公众的共鸣的。权利意识的增强引导公众对于法律的认同，有利于人们法律信仰的养成。同时，对法律的信仰反过来又势必

---

① 　孔兵兵，赵永行：《构建当代中国法治高校的路径选择》，《国家教育行政学院学报》，2009 年第 3 期。

会推动权利意识的增强。如若缺乏权利意识，法律规定的权利只是规定在纸上，不会转化为现实中的权利。在依法治校的背景下，加强校园法治文化建设的同时，应当将大学生权利意识的培养作为一项重要内容，深入到大学生的内心世界，让宪法、法律的权威在大学生心中生根发芽。

其次，要增强师生对于法律信仰的感受与认同。法律信仰具有亲历性，不是凭空产生的，而是基于人们对法律的自觉信服和认可，通过自己参与到法律实践过程中，借助一系列的个人实践、亲身经验而逐步产生的①。因此，高校在建设法治校园文化的过程中，应当注意培育师生对于法律信仰的切身感受，只有这样，才能激发其对法律的热情，促进法律信仰的形成。

三、高校校园法治文化建设的品牌化发展

当今时代是网络自媒体高速发展的时代，信息种类呈现出纷繁多彩的情势，信息传播速度日新月异，极大地丰富了我们的生活，但是也存在着一些不好的信息，一些网络传播的信息并不符合当今社会主流思想，与社会主义和谐社会的主题背道而驰，污染着良好的社会主义建设的大环境。当前的法治建设也受到一定影响，而作为培育社会主义事业接班人的高校更是首当其冲，因此在高校校园法治文化建设过程中应当凝心聚力，聚焦时代精神，大力发展符合时代要求的品牌化校园法治文化。

网络信息技术快速、便捷，使得网络文化在高校大学生群体中广泛传播。区别于以往的面对面交流，网络媒体具有独特的虚拟、自由等显著特点，容易为广大青少年学生所接受。青少年群体是网络文化传播的主体，而高校大学生又是青少年群体中的主力军，因此，高校开展品牌化的法治文化建设，可以结合网络自

---

① 王淑琴，白玉博：《法治文化及其建设路径探析》，《中国司法》，2008 年第 1 期。

媒体的优势，创建优秀、和谐的校园法治文化，这是高校法治文化建设的一项重要任务。此外，我们要深刻把握品牌的内涵，品牌实际上是虚拟的，是客观存在的事物在人的主观意识中凝聚后的一定反映，具有抽象化的特点，品牌的最大作用在于差异化认识，结合当前高校校园法治文化品牌化发展，应当鼓励高校共青团团学活动的品牌化发展，提高团学工作的影响力。

高校是培育社会主义事业建设者的重要基地，也是团学活动工作开展的重要载体，故而，打造出优秀的品牌是当前高校共青团发展校园法治文化的重点，也是当前高校工作中的重要课题，具有重要意义。因此，应当着力于以下建设：

（一）坚定法治理念，构建良好校园氛围

一切的社会行动都应当以理念作为行动指南，社会主义现代化法治理念和法治思维是培育社会主义法治文化的应有之义，我国是社会主义国家，这就决定了高校法治文化建设必须是为社会主义现代化建设服务的，高校校园法治文化建设应当遵循社会主义法治理念，并以此为指导。营造良好的校园法治文化环境不仅仅是为法治校园服务，更是为建设社会主义法治社会所服务，有利于解决当前社会中"官本位""权大于法"等社会现象的发生。高校校园法治文化建设是一项浩大的工程，必须有着强有力的领导，因此，在毫不动摇地坚持党的领导的前提下，各级领导干部应当充分发挥先锋模范作用，善于运用法治思维和法治方式来解决高校法治化建设过程中遇到的各种问题，将高校中的日常教学管理工作纳入法治化的轨道，这也是高校法治化建设的具体体现。同时，高校中的全体师生应当保持对法治校园建设的高度热情，积极投入其中，特别是法学院的师生更应当发挥自身的专业优势，定期在高校内开展普法宣传教育、法律知识竞赛等活动，激发全校师生的学法热情，使其真切地感受到社会主义法治的信念和力量，最终在高校中营造出浓郁的校园法治文化氛围①。

（二）送法入社区，使法治深入人心

高校建设校园法治文化最终是为社会主义法治建设服务的，校园法治的建设要做到内外兼顾，不仅仅只是局限于高校内部的建设，还要走出去，开展一系列的法治服务活动，其中以"送法入社区"最为典型。社区是构成当今社会的基本单位，类似于社会村落，是社会上的部分个体聚集的地方，在古代的村落中存在着族规、村规，以此来维持正常秩序，而现代中国社会中的社区是以社会主义性质的法律来进行规制的，但是仍有一些居民或是没有受过法治教育，属于"法盲"，或是法治观念淡薄，遇事从来不讲法律，而是通过人情、找关系来解决，甚至是最后诉诸武力，也为社会主义法治社会的建设增加了阻力。高校通过开展送法入社区活动，不仅可以检验在校大学生的法律素养，而且能够使其更好地走进社会，了解到真正的社会现象，并发现自身存在的不足，适时做出改变，最终成为一名能够真正为社会主义建设服务的现代化青年。更为重要的是，高校开展送法入社区的主题教育活动，实际上也是当前校社合作的新举措，这样可以让社会民众更好地了解社会主义法治的理念和精神，充分调动他们学习法律的积极性，对于社会主义和谐社会的建设大有裨益。

（三）打造校园法治文化建设品牌

利用网络新媒体，着力打造有影响力的校园法治文化建设品牌，"以点带面""点面结合"，构建高校校园法治宣传的长效机制②。当前的高校校园法治文化建设，可以借助网络新媒体，开展一系列的主题活动，如"法治联播""奔跑吧，法律人""法

---

① 廖腾琼：《关于法治高校的思考》，《高教论坛》，2012 年第 3 期。
② 伍娟，林志军：《论高校校园文化建设的现状及思考》，《当代教育论坛》，2010 年第 4 期。

治大联欢""向往的生活，法治社会"等活动，类似于综艺形式的法治宣讲教育活动，活动形式清新幽默，诙谐轻松地将法治理念和法治精神讲解给社会公众，采取线上和线下相结合的方式，开展这些社会大众所喜闻乐见的法治教育活动，打造强有力的校园法治文化品牌，有利于引起社会群体的共鸣，激发起社会群众法治学习的热情，有利于我国社会主义法治国家的建设。

校园法治文化的品牌化建设是一项系统性工程，应当明确以下几点：首先，校园法治文化建设应当主题明确，凸显时代精神，彰显"法律面前人人平等""尊重与保障人权""民主政治""和谐社会""公平正义"等价值理念。其次，开展人民群众喜闻乐见的校园法治文化是建设社会主义法治国家的必然要求，也是建设社会主义和谐社会的应有之义，更是依法治校的社会化体现。再次，品牌化法治文化的开展应当具有持续性，这一特殊性决定了校园法治文化建设需要经历一个漫长的发展过程，活动的常态化机制必不可少。最后，品牌化活动的内容应当具有特色，容易引起人们的共鸣，这样不仅有利于学生在轻松和谐的氛围中学习法律思维与法治理念，而且有利于法治理念在社会中传播。

第五章　以社会主义核心价值观推进高校法治文化建设

第一节　社会主义核心价值观与高校法治文化建设

一、准确把握社会主义核心价值观的时代命题

社会主义核心价值观这一概念包括 4 个递进的逻辑序列，即价值—价值观—核心价值观—社会主义核心价值观。4 个概念的外延逐步收缩，内涵却逐步丰富。价值是一个标志主客体关系的范畴，是指在具体的社会历史实践中客体对于主体的积极意义，这种意义既可以是物质层面的有用性，即"功利价值"，也可以是"超功利的道德、审美"等①。价值观是人对价值的本质性认识及对人和事的价值评价，涉及评价的原则、标准和方法等，它同世界观和历史观是一致的，对人的行为起着规范和导向作用。核心价值观是某个时代占统治地位的价值观，在阶级社会，"统治阶级的思想在每一时代都是占统治地位的思想"②，同样，核心价值观也是某个时代的统治阶级的价值观，但统治阶级会动用各种途径将其转化为整个社会的价值观，故而它也就成为"一个社会最根本、最必不可少的，也是最集中反映该社会价值取向的价

---

① 王玉樑：《简论价值哲学研究中的几个理论问题》，《学术研究》，2010 年第 8 期。
② 《马克思恩格斯选集（第 1 卷）》，人民出版社，1995 年，第 98 页。

值观"①，具有时代性、根本性、相对稳定性、普遍性、系统化和理论化等特征，"是一个民族赖以维系的精神纽带，是一个国家共同的思想道德基础"②，是其"最持久、最深层的力量"③。

社会主义核心价值观是社会主义在价值上的自我规定，在当代中国则是对中国特色社会主义道路、制度和理论的价值表达，"是对什么是社会主义、为什么选择社会主义、建设什么样的社会主义、怎样建设社会主义等根本问题在价值论层次上的本质反映"④。它同建立在封建私有制和皇权本位基础上、以儒家"忠孝仁爱礼义廉耻"为纲目的中国封建主义核心价值观，建立在资本主义私有制和个人本位基础上、以"人权、自由、民主、平等、博爱"等为主干的资本主义核心价值观存在原则性差别，这种差别源自社会形态上的根本异质性。在此意义上，社会主义核心价值观也就是"社会主义主流意识形态的本质和核心"，"由具有鲜明社会主义特色的价值信念、价值信仰、价值目标、价值观念、价值规范等维度组成并发挥正向性行为导向的多维度多层次的心理倾向系统"⑤。

中国共产党历来重视核心价值观建设。从新民主主义时期的建立"独立、自由、民主、统一、富强"的新国家理想，到1949年后提倡的以集体主义、爱国主义和社会主义为主题的价值观培育及"五讲四美三热爱"的道德实践，从改革开放后确立的"富

---

① 孙向军：《论社会主义核心价值观及其培育》，《中共中央党校学报》，2013年第2期。

② 习近平：《在延安文艺工作座谈会上的讲话》，《人民日报》，2015年10月15日。

③ 习近平：《习近平谈治国理政》，外文出版社，2014年，第168页。

④ 冯秀军，王淼：《培育和践行社会主义核心价值观的几个基本问题》，《教学与研究》，2014年第8期。

⑤ 孙其昂，侯勇：《论社会主义核心价值观建设的现代性境遇与超越》，《中国特色社会主义研究》，2011年第2期。

强、民主、文明"的社会主义现代国家目标和"两手抓、两手硬"方针，到第三代中央领导集体出台《公民道德建设实施纲要》、提出以社会主义思想道德体系为核心的"以德治国"方略，都充分见证了中国共产党在革命、建设时期建设和引领核心价值观的重大努力。在党的历史上，十六届六中全会首次提出建立社会主义核心价值体系，并将社会主义核心价值观作为其内核。

经过广泛征集意见和建议，党的十八大确立了"三个倡导"的核心价值观：倡导富强、民主、文明、和谐，倡导自由、平等、公正、法治，倡导爱国、敬业、诚信、友善。它集中表达了当代中国的价值诉求，精确"回答了我们要建设什么样的国家、建设什么样的社会、培育什么样的公民的重大问题"，"把涉及国家、社会、公民的价值要求融为一体，既体现了社会主义本质要求，继承了中华优秀传统文化，也吸收了世界文明有益成果，体现了时代精神"①。

社会主义核心价值体系和社会主义核心价值观既有联系又有区别。联系首先表现在两者本质的一致性，都体现了社会主义意识形态的本质要求，是"对同一问题——社会主义核心价值问题的两种不同概括"②。其次是两者逻辑的递进性，前者在指导思想、奋斗目标、道德基础等方面为后者提供基础，后者则是对前者的凝练和升华，构成其精髓和灵魂。区别在于，前者的外延更大，是一个包括一般价值、基本价值、最高价值和核心价值在内的多级价值体系，具有原则性和指导性，后者外延较小，仅指价值体系的核心部分，与前者相比，它"更加突出核心要素、更加注重凝练表达、更加强化实践导向"③。

---

① 习近平：《习近平谈治国理政》，外文出版社，2014年，第169页。
② 方爱东：《社会主义核心价值观论纲》，《马克思主义研究》，2010年第2期。
③ 中共中央宣传部：《习近平总书记系列重要讲话读本》，学习出版社、人民出版社，2014年，第93页。

还须指出，24 字核心价值观实质是中国特色社会主义的核心价值观，它是社会主义一般价值观同当代中国实践的特殊价值需要相结合的产物，反映的是我国在社会主义初级阶段的核心价值追求，而不能将其泛化为或直接等同于整个社会主义社会的核心价值观，因为每个时代的核心价值观都具有时代特征。

在国家治理现代化语境中，社会主义核心价值观的内涵主要有三方面的延展。首先，它被进一步赋予了手段意义，从而实现了目的意义和手段意义的统一。社会主义核心价值观作为价值理想和追求，本身是一种目的性存在，为国家治理在内的各项工作提供价值遵循、共识和资源，但同时，由于价值治理是"国家治理的重要领域和国家治理能力的重要构成"①，所以作为价值治理重要方面的核心价值观便具有了手段意义。正是在其双重意义上，习近平总书记一方面要求"推进国家治理体系和治理能力现代化，要大力培育和弘扬社会主义核心价值体系和核心价值观"，另一方面又强调"培育和弘扬核心价值观，是国家治理体系与治理能力的重要方面"。

其次，社会主义核心价值观作为国家治理的重要内容和形式，取得了理论形态和实践形态的统一。核心价值观"是系统化、理论化、成体系，并且是深刻而凝练的"②。但要真正发挥作用，它就不能只是作为理论和话语形态存在，而必须融入社会生活，化为人的自觉行动。事实上，任何时代的核心价值观都是理论和实践的统一，如封建社会的"孝"就不单是道德说教，而是通过各种仪式和礼制转化为实践。只不过社会主义核心价值观的实践形态在国家治理现代化条件下具有当代中国的特殊规定性。

---

　① 段立国：《国家治理现代化与社会主义核心价值观的内在关联》，《湖北社会科学》，2015 年第 4 期。

　② 吴倬：《关于社会主义核心价值观问题的理论思考》，《教学与研究》，2008 年第 6 期。

所以 24 字核心价值观提出之后，不能仅仅说在嘴上、写在纸上、画在墙上、挂在路上，更要与"日常生活联系起来"，通过各种方式和途径去"培育和践行"，"让人们在实践中感知它、领悟它"，使之"落细、落小、落实"。

再次，在上述基础上，社会主义核心价值观的内涵获得了静态维度和动态维度的统一。既然价值治理是国家治理的重点领域和重要方式，那么就不能仅从内涵、外延、特征等静态维度理解社会主义核心价值观，更要从价值治理的动态维度把握其在具体现实中的实际含义。因为它们不只是概念，而是"民族特色、时代内涵、制度属性和实践要求的有机统一"①。例如，对于"公正"，就不能仅仅满足于用概念分析法给它一个逻辑周延的字面定义，更要追问"公正"在今日中国具体的政治经济生活情境中到底意味着什么，以何种制度设计、何种治理方式实现它。从习近平关于"努力让人民群众在每一个司法案件中都感受到公平正义"的重要讲话中，我们能深切地感受到对公正的这种动态化理解。

二、充分发挥社会主义核心价值体系的引领作用

所谓引领是指能够指引事物发展方向的个体或群体，既然能够起到引领的作用，那么作为引领者必须具备一定的超越性、包容性和可信性，才能够整合、吸引事物受其引导。社会主义核心价值体系就是这样一个在当代中国具有主导价值观地位的思想体系，对我国当前经济基础条件下的每一位社会成员的价值目标、价值标准、道德品质等方面都提出了集中要求，以其强大的包容力、统摄力成为连接各民族、各阶层的精神纽带。社会主义核心

---

① 李文阁：《论社会主义核心价值观的形成、内涵与意义》，《北京师范大学学报》（社会科学版），2015 年第 3 期。

价值观必须以社会主义核心价值体系为引领，并将其贯穿于每一位社会成员的价值观的形成、凝练和培育。

核心价值观培育的关键问题在于什么样的价值观是正确的、什么样的价值评判标准是科学有效的、什么样的价值目标才是有意义的，而社会主义核心价值体系回答了在当前的历史条件下，社会主义意识形态应该以何种精神面貌、遵循何种行为准则、朝着什么目标前进的重大问题，为全社会核心价值观的内容凝练提供了借鉴和要求。

社会主义核心价值体系引领功能的发挥场域主要是在精神层面，即主要引领社会精神生活，并通过精神生活的引领来促进人的发展和社会进步。引领人的精神发展，是社会主义核心价值体系引领功能在微观层面上的体现。社会发展进步归根结底在于人的发展，而在人对社会发展的作用中，人的思想精神对社会发展的意义尤为重要。人的精神发展需要社会提供一整套观察世界、判断事物的基本标准，需要主流价值观念与先进文化的引领。社会主义核心价值体系作为社会主义制度的内在精神和生命之魂，是当前中国的主流意识形态。社会主义核心价值体系提供了社会和谐发展所需的文化认同和价值追求，对国民的精神发展与建构有重大的引领作用。

在核心价值观的目标建构上，以马克思主义科学理论作为指导思想，在核心价值观的建构中起着方向性的引领作用；在核心价值观形成初期，社会主义核心价值体系起着熏陶引导作用；在核心价值观形成时期，社会主义核心价值体系起着教育引领作用；在核心价值观已基本形成时，社会主义核心价值体系起着精神归属作用。马克思主义理论、爱国主义和时代精神、社会主义理想和社会主义荣辱观，一直以来都是社会思想的主流，已经深入人心，社会主义核心价值体系将这些内容核心加以提炼，在科学而有力的舆论氛围、文化辐射、政策激励和制度安排下，既能引领民众的思想又能服务群众，具有强大的向心力和凝聚力。因此，在这种氛围下，人们价值观形成初期就会受到社会主义核心价值体系潜移默化的影响，在为人处事上不自觉地就会存在主流价值观的痕迹。

每一个个体、群体都有自己的价值观，有的与社会主义核心价值体系保持一致，也有的与核心价值体系不相容，甚至相背离。

因此，在新时期，我国迫切需要社会主义核心价值体系来提升人民大众的价值判断和道德水准，及时矫正和引领，促进健康价值观的树立。对于高校校园尤其重要。"价值观是关于价值的一定信念、倾向、主张和态度的系统观点。起着行为取向、评价标准、评价原则和尺度的作用。"①价值观直接决定人的价值追求和选择。要发挥社会主义核心价值体系对核心价值观的引领作用，就要帮助大众确立积极的价值取向。具体可以分为四个方面：

首先，以马克思主义指导思想引领正确的政治价值观。在多元化背景下，引导高校学子运用马克思主义指导思想来认识复杂的社会现象，坚持马克思主义基本原理同中国的具体实践相结合，正确认识和把握社会发展规律，增强马克思主义的价值认同，坚定中国特色社会主义信念。

其次，以中国特色社会主义共同理想引领明确的人生价值观。建设中国特色社会主义是当今社会的共同理想，是当代中国发展进步的伟大旗帜。加强中国特色社会主义共同理想教育，帮助人们特别是大学生正确分析和认识当前社会发展过程中的矛盾和冲突，使他们把个人理想与社会理想有机统一起来，激发建设中国特色社会主义的政治热情和精神力量，增强责任意识。

---

① 夏征农：《大辞海（哲学卷）》，上海辞书出版社，2003年，第126页。

再次，以民族精神和时代精神引领丰富的精神生活。引导青年学生树立以爱国主义为核心的民族精神和以改革创新为核心的时代精神，以推动中华优秀传统文化的继承，使人们自觉树立责任感、承担历史使命，在多样化的思想观念和社会思潮面前坚持正确的价值取向，推动社会主义核心价值观的有效培育。

最后，以社会主义荣辱观引领高尚的道德价值观。爱国主义、集体主义和社会主义思想，集中反映了中华民族的传统美德，是不同社会群体最基本的价值取向和行为准则。社会主义荣辱观为社会成员判断行为得失、做出道德选择提供了标准，让人们学会分善恶、判美丑、知荣辱。

三、社会主义核心价值观融入高校法治文化建设的意义

2016 年 10 月，中央全面深化改革领导小组第二十八次会议审议通过《关于进一步把社会主义核心价值观融入法治建设的指导意见》，强调"把社会主义核心价值观融入法治建设，是坚持依法治国和以德治国相结合的必然要求。要将社会主义核心价值观融入法治国家、法治政府、法治社会建设全过程，融入科学立法、严格执法、公正司法、全民守法各环节，把社会主义核心价值观的要求体现到宪法法律、行政法规、部门规章和公共政策中，以法治体现道德理念、强化法律对道德建设的促进作用，推动社会主义核心价值观更加深入人心"[1]。随后，中共中央和国务院办公厅印发《意见》并要求各地区各部门认真贯彻落实。通过研究我们认为，中央精神不仅是让社会主义社会主义核心价值观融入法治建设，其"全过程""各环节"等关键词表明是"全面地融入"，这种全面融入是法治在社会主义制度中的价值净化和崇高化过程，体现了法治的社会主义属性。

---

[1]　http://politics.people.com.cn/n1/2016/1011/c1024 - 28770163.html.

核心价值观是一个社会的道德底线和价值基础，所以习近平总书记要求"把培育和弘扬社会主义核心价值观作为凝魂聚气、强基固本的基础工程"①。该工程的基础意义对于当前中国法治建设更显突出。现代法治是建立在社会成员普遍的法律信仰之上的，而信仰的源泉是处于文化深层的价值观。我国法治建设虽已取得巨大成就，但也存在突出问题，特别是当落实到具体的立法、执法、司法、守法等实践环节时，效果欠佳乃至有时走样变形，其中一个重要原因是，我们的法治缺少法治文化的支撑和价值观的滋养。将社会主义核心价值全面融入法治建设，"有助于使法治成为一个'本土化'、'民族化'的精神符号，加强民众对法治的理解和接纳，最终使敬法、遵法、守法成为全社会的思想共识"②。

社会主义核心价值观与高校法治文化建设是高校治理现代化的两大抓手，就实质而言，前者是"以德治国"逻辑的当代延续和创新，破解社会主义核心价值观与高校法治文化建设的关系问题，其实就是在当代历史格局和境遇中深化解决"以德治国"与"依法治国"的关系问题。尽管社会各界多年来一直在提"以德治国"与"依法治国"相结合，但实事求是地说，两者到底为什么结合、怎样结合，在理论上我们并未讲深、讲透，致使结合往往停留于口头上。如果说"结合"是使两种事物通过某种方式和中介建立外部联系但尚未实现真正的身心交融，那么今天提出的全面融入模式则是力图推进这一问题的解决。

"法律只有体现社会道德的要求，只有与全体社会成员共同追求的价值理念和目标取向相一致，才能具有持久的约束力和生

---

① 习近平：《习近平谈治国理政》，外文出版社，2014年，第163页。
② 江必新：《法治现代化是国家治理现代化的核心内容》，《行政管理改革》，2014年第9期。

命力。"① 高校法治文化建设的理想目标是实现校园和谐发展，培养高素质人才。这些都须通过价值观的引领来实现。良法之"良"，善法之"善"，既是一种以人文关怀为起点的应然期待，更是一种以秩序构建为落点的价值要求。十八大以来，中央不仅出台《关于培育和践行社会主义核心价值观的意见》《关于进一步把社会主义核心价值观融入法治建设的指导意见》，而且以习近平为核心的党中央也在多个场合密集发声，力推社会主义核心价值观走进当代中国的火热实践、融入人民群众的多彩生活、落到方方面面的工作中，所以，当前中央的意志和决策为社会主义核心价值观全面融入高校法治文化建设的可行性奠定了政治前提。

社会主义核心价值观融入高校法治文化建设有利于在高校中践行社会主义核心价值观。在高校中践行社会主义核心价值观能够促进大学生成才，也是实现中国繁荣富强的中国梦的伟大支撑。以社会主义核心价值观推动高校法治文化建设，可以为高校进行培育和践行社会主义核心价值观提供一个广泛的参与平台，丰富和拓展社会主义核心价值观教育的实现方式②。高校中的大学生相对于其他人群所掌握的知识要更加丰富，能够更好地理解和接受社会主义核心价值观的要求。国家的未来在于广大的青年学生，这要求我们在具体的实践过程中，不仅要积极加强对相关知识的学习，同时也要积极参与相关的社会实践活动，更好地推动社会主义核心价值观在具体生活中的运用。

社会主义核心价值观融入高校法治文化建设也有利于社会主义核心价值观的培育和弘扬。社会主义核心价值观的价值养成需

---

① 田克勤：《社会主义核心价值观与"四个全面"战略布局》，《光明日报》，2016 年 2 月 28 日。

② 殷丽新：《社会主义核心价值观视角下高校法治文化建设研究》，《内蒙古师范大学学报》（哲学社会科学版），2016 年第 5 期。

要从小就养成这种思维习惯，覆盖到所有学校和受教育者，形成学校的课堂教学、社会的社会实践、校园文化多元融合的教育平台。要践行社会主义核心价值观，只有人们真正理解了社会主义核心价值观的要求，同时能够以社会主义核心价值观的要求来指导自己的生活，这样社会主义核心价值观才能够真正在社会中得到普及，核心价值观的认同与普及是整体工作的第一步。学校需要丰富的实践载体、广泛的参与路径，以此来丰富社会主义核心价值观的实现形式，扩大社会主义核心价值观的传播、促进社会主义核心价值体系宣传教育的实际效果①。高校在整个社会群体中占有十分重要的地位，高校是人才与知识的聚集地，加强核心价值观在高校的普及与认同，在整个国家培育社会主义核心价值观的工作中占有重要地位。

社会主义核心价值观融入高校法治文化建设更有利于提升高校文化软实力。高校校园文化建设的重要部分是高校法治文化的建设，包括隐性的理念文化和显性的制度文化，主要是要提高广大师生的法治意识，为社会培育更优良的人才，它与学校的历史文化、社团文化、办学精神、人才培养目标等互为一体②。高校法治文化融合于整个价值观普及与培育工作的各个方面，它与校园文化的建设相辅相成、殊途同归。在高校推进法治文化建设过程中，广大师生也在无形之中形成了平等、民主、法治的思想理念，懂得了要重视法律的作用，增强遇事找法、化解矛盾靠法的法治意识，也提升了高校各个领域的规范性。

年轻人尤其是青年大学生是党和国家的未来，是实现中国梦的中坚力量，是推进依法治国的主力军。全面推进依法治国需要

---

① 关丽兰，李斌雄：《提高未成年人社会主义核心价值体系教育实效的理论思考》，《思想政治教育研究》，2007 年第 6 期。

② 陈业平：《校园文化与人才培养》，《湖南大学学报》（社会科学版），1994 年第 1 期。

全社会共同参与，需要全社会增强法治观念，必须在全社会弘扬社会主义法治精神，建设社会主义法治文化。高校是人才培养的主阵地。我们必须加强校园法治文化建设，使青年大学生在多种途径下形成和涵养自身的法治精神，知法守法。我们更需要在现实生活中自觉遵守价值观的要求，自觉参与到校园法治文化的建设与传播中去，夯实人才培养基础工程。

第二节　社会主义核心价值观与高校法治文化建设的融合发展

习近平总书记强调，社会主义核心价值观本质上是实践的，其根本生命力也在于其实践性。一种价值观要发挥其作用，必须融入生活，化内在为精神追求，外在为自觉行动。高校法治文化是指由法治价值、精神、理念、思想、理论等组成的社会主义法治意识形态，以及与之相适应的制度和组织结构。在我国语境下，高校法治文化应当是特指中国特色社会主义高校法治文化。高校法治文化的建设与社会主义核心价值观的培育和践行密不可分，而加强高校法治文化建设也对社会主义核心价值观的培育和践行有着实质性的意义。社会主义核心价值观和高校法治文化是内在联系、有机统一的，应一体推进，两者有着很大的契合性。

一、高校法治文化与社会主义核心价值观的契合性

（1）高校法治文化与社会主义核心价值观内涵上的统一。法治是社会主义核心价值观的基本价值要素，高校法治文化的价值包含于社会主义核心价值观之中。我国所倡导的高校法治文化是包含着自由、平等、民主、正义、和谐、秩序等多方面丰富价值的，具有强烈价值取向特色的价值观念。这些价值观念又被社会主义核心价值观所包含。富强、民主、文明、和谐是社会主义高

校法治文化的总体目标，自由、平等、公正、法治是社会主义高校法治文化的核心精神，爱国、敬业、诚信、友善又是培养社会主义高校法治文化的源头活水。习近平总书记2014年5月4日在北京大学师生座谈会上明确指出："我们提出的社会主义核心价值观，把涉及国家、社会、公民的价值融为一体，既体现了社会主义本质要求，继承了中华传统文化，也吸收了世界文明有益成果，体现了时代精神。"① 社会主义核心价值观是对社会主义本质要求的概括，与社会主义本质有着内在的统一性。高校法治文化作为一种先进文化，是社会主义文化建设一个不可或缺的重要环节，也是社会生活的重要部分。它在集体主义价值观的指引下，突出和强化学生的地位，具有鲜明社会主义属性。高校法治文化以社会主义核心价值观为指导，体现了社会主义核心价值观，两者有着内涵上的统一性。

（2）高校法治文化与社会主义核心价值观建设功能的互助性。高校法治文化受到社会主义核心价值观的指导，高校法治文化建设是培育和践行社会主义核心价值观的重要平台，而完善高校法治文化建设又是培育和践行社会主义价值观的重要保障。受到社会主义核心价值观的指导，高校法治文化保持着社会主义属性的特征，使其不丧失根本属性。"要把社会主义核心价值观贯彻到依法治国、依法执政、依法行政实践当中，落实到立法、执法、司法、普法和依法治理各个方面。"② 培育和践行以"法治"为重要内容的社会主义核心价值观，能够促进良好高校法治文化环境的形成。

而高校法治文化建设的具体进程，是社会主义核心价值观由

---

① 习近平：《习近平谈治国理政》，外文出版社，2014年，第69页。
② 《社会主义核心价值观培训教材》编写组：《社会主义核心价值观培训教材》，新华出版社，2014年，第46页。

内在精神到外在行为的重要载体，由国家层面、社会层面、公民个人层面多层次的建设平台来推动社会主义核心观的培育和践行。

习近平总书记2014年2月24日在十八届中央政治局第十三次集体学习中提出："培育和践行社会主义核心价值观，不仅要靠思想教育、实践养成，而且还要用体制机制来保障。"高校法治文化具有自发性，社会主义核心价值观具有自觉性，二者有着具体功能上的差异。高校法治文化精神的引领和其行为的规范贯穿于体制机制中，国家机关、社会组织依法制定的法律规范，能够规范高校法治行为，对于引领社会风尚有着重要作用。高校法治文化制度化建设，将高校的价值理念转变为学生的内心追求，能增强青年学生利用法律维护自身权益的自觉性。随着青年一代主动地知法懂法用法，法律的权威和作用将扩大高校法治文化的影响，有助于社会主义核心价值观的培育和践行，提升其感染力和号召力。

二、高校法治文化对社会主义核心价值观的理论增进

现如今，在中国的法治化进程中，从依法治国的基本方略的提出到确立全面依法治国的总目标，建设法治国家已成为全社会的共识。高校法治文化对实现这个目标和践行社会主义核心价值观有着积极的推动意义，法治作为社会主义核心价值观的重要层面，对其理论内涵的丰富和发展也起着重要的支撑作用。2013年12月，中共中央办公厅印发《关于培育和践行社会主义核心价值观的意见》，明确提出了以"三个倡导"为基本内容的社会主义核心价值观，并且对社会主义核心价值观进行了国家、社会、公民三个层面的分类：富强、民主、文明、和谐是国家层面的价值目标；自由、平等、公正、法治，是社会层面的价值取向；爱国、敬业、诚信、友善，是公民个人层面的价值准则。

（一）高校法治文化对国家层面价值目标的支撑

富强、民主、文明、和谐是社会主义核心价值观国家层面的价值目标，是我国社会主义现代化国家建设的目标。在推进依法治国的进程中，"法治"成为社会主义核心价值观的重要组成部分。高校法治文化蕴含的社会主义法治意识形态，以及与之相适应的法律制度和组织结构是否能贯彻落实，与执政党和政府的行为息息相关。要实现国家的富强，就要求党和政府在国家与社会的发展中遵循法律，依法治国。党的十一届三中全会提出："为了保障人民民主，必须加强社会主义法制，使民主制度化、法律化，使这种制度和法律具有稳定性、连续性和极大的权威，做到有法可依，有法必依，执法必严，违法必究。"[①] 党和政府全部依靠宪法、法律办事。而法律保障民主，民主离不开法治，只有从宪法层面确保了人民当家做主的地位，在立法和执法过程中维护了人民的根本利益，才会真正实现中国特色社会主义的民主。法治本身就是一个国家文明程度的重要标志，一个富强民主文明的国家，自然会走向社会和谐。富强、民主、文明、和谐即国家层面的价值目标的实现和推动发展，无一不以法治作为基础和后盾支撑。

（二）高校法治文化对社会层面价值取向的丰富

自由、平等、公正、法治是社会主义核心价值观社会层面的价值取向，是社会主义核心价值观的重要组成部分，以此为基础，构建起衡量社会行为的基本价值评判尺度。高校法治文化本身就是包含着自由、平等、民主、正义、和谐、秩序等多方面丰富价值的内容，与社会层面的价值取向根本同源。我们所倡导的自由是相对的，离开了法律规制的自由不能称为自由。自由只有

---

① 中共中央文献研究室：《十一届三中全会以来重要文献选编》，中央文献出版社，2011年，第9页。

被纳入法治的框架内，才有存在和持续的可能，法治保障了人民主权，保障了自由。我国宪法明确规定："公民在法律面前一律平等。"高校法治文化为学生的平等追求提供了一个基层平台，人们平等地适用法律，平等地享有权利和履行义务。在宪法和法律的框架下，对弱势群体的相对倾斜将更体现出平等的真正内涵与社会主义本质属性①。法治是促进公正实现的手段和工具，只有将公正建立在法律的基石上，才能切实保障人民主体的利益，实现对正当利益的维护，对不正当利益的剥夺与惩戒。法治理念作为高校法治文化的核心和社会主义核心价值观的重要价值取向，对两者的理论发展和实践推进有着重要作用。社会主义核心价值观的"三个倡导"之间是环环相扣的关系，而高校法治文化包括了社会主义核心价值观社会层面的价值取向，又丰富了其具体内涵，二者相辅相成，对自由、平等、公正、法治的丰富，最终将有利于和谐社会的建设。

（三）高校法治文化对个人层面价值准则的推动

爱国、敬业、诚信、友善是社会主义核心价值观个人层面的价值准则，是公民的道德准则，是意识形态方面的思想引导。法治是实现秩序的工具、手段和途径，法律以追求道德的精神为最高理想，以秩序为追求目标。德是法的灵魂，德治又是法治前行的推动力②。我国宪法规定公民的基本义务，其中就包括"维护国家统一和各民族团结，维护祖国的安全、荣誉和利益"等义务。法律将爱国细化到具体规范，将爱国上升到法律信仰的层次，加深民众对爱国的理解。爱国就必须守法，因为法律规定了

---

　　① 胡凤飞，陈燕秋：《传统文化法治思想与社会主义核心价值观法治的关联探析——学习习近平关于社会主义核心价值观的重要论述》，《黑龙江高教研究》，2015年第10期。

　　② 邢桂花，曹伟琴：《论社会主义核心价值观中倡导的德治和法治精神》，《宁夏党校学报》，2015年第1期。

爱国的基础和底线。法治是激发公民敬业精神的制度保障和动力支持，通过劳动者权益保护法及企业法等众多法律，给予职业法律保障和规章，将创业就业与法律秩序相挂钩，赋予崇高、尊敬的意味。法治通过实现法律上的信用，对违反社会基本规则、伦理道德的行为进行规范，将诚信纳入法律信用的保护之中，成为诚信的有力支持，促使公民对诚信的进一步认知。同时，法治通过对恶行的规制和惩戒，起到扬善的作用。高校法治文化建设能够促进青年学生诚信友善，社会和谐，而社会主义核心价值观也倡导人们要诚信友善，以实现社会的公正和谐。自律有时只有靠他律的辅助才能实现，道德自律的形成离不开法律制度的保障，法律将道德规范转变为法律规范，把对社会有积极影响的道德标准规定为法律应遵循的准则。高校法治文化能够推动大学生对自我道德准则的理解和实行，为社会主义核心价值观个人层面的价值准则提供条理、秩序上的支撑。

第三节　社会主义核心价值观与高校法治文化建设融合发展的创新机制

实践雄辩地证明，积极培育与践行社会主义核心价值观，推动核心价值观与高校法治文化建设的融合发展，是在新的历史时期巩固马克思主义意识形态的主导地位，凝聚思想共识，汇集全面小康社会建设的多元力量，实现中国民族伟大复兴中国梦的重要途径。这一判断不仅可以在理论上得以证成，而且也是核心价值观与高校法治文化建设融合发展的经验总结。然而，在坚持这一判断的同时，也必须清醒地认识到，社会主义核心价值观与高校法治文化建设的融合发展是一个不断发展的过程。在这一过程中，成就固然令人欣喜，但问题也需要认真对待。尤其是在当前社会转型发展的关键时期，各种观念的相互交织、碰撞，使得社会主义核心价值观与高校法治文化建设的融合发展仍面临种种复杂多变的困境。化解问题，突破困境，既需要社会主义核心价值观与高校法治文化建设的持续探索，更需要立足于实践基础上的制度与机制创新。可以说，唯有持续不断地改革创新，才能为社会主义核心价值观与高校法治文化建设融合发展提供不竭动力。

一、坚持贯穿结合融入、落细落小落实的实践养成方法

（一）贯穿结合融入、落细落小落实是社会主义核心价值观与高校法治文化建设相互促进的基本方法

社会主义核心价值观与高校法治文化建设的融合发展是一个实践命题。这一命题的展开，生成于当代中国社会主义建设的时代背景之中，建构于二者特性差异与互补的逻辑基础之上，实现于具体细微的实践工作之中。正如《道德经》所言，"天下难事必作于易，天下大事必作于细"，这一道理对于社会主义核心价值观与高校法治文化建设的融合发展命题同样具有指导意义。在当前社会主义核心价值观与高校法治文化建设融合发展过程中，贯穿结合融入、落细落小落实无疑是社会主义核心价值观与高校法治文化建设相互促进的基本方法，其基本含义是将社会主义核心价值观与高校法治文化建设融会贯通、密切联系、渗透融入，在实践中找准社会主义核心价值观与高校法治文化建设的共鸣点、利益的交汇点，在具体细致的实际工作中将社会主义核心价值观与高校法治文化建设融入日常工作和生活中。

"贯穿结合融入"是社会主义核心价值观与高校法治文化建设融合发展的内在要求。社会主义核心价值观与法律制度都属于上层建筑。法律制度是上层建筑的重要组成部分，而社会主义核心价值观则是高校法治文化建设的灵魂。社会主义高校法治文化建设需要社会主义核心价值观提供价值与观念支撑，而社会主义核心价值观的培育与践行也需要法律制度与法治实践的强力保

障。这为二者的贯穿结合融入提供了基础，并使其共同服务于中国特色的社会主义建设目标。如此来看，社会主义核心价值观与高校法治文化建设的贯穿结合融入，实际深刻体现了价值需求与制度供给、价值观念与制度实践相统一的马克思主义原理，是社会主义核心价值观与高校法治文化建设融合发展的内在要求。

"落细落小落实"体现了社会主义核心价值观与高校法治文化建设融合发展的实际需要。社会主义核心价值观与高校法治文化建设融合发展实现于实践之中。社会主义核心价值观不是一朝一夕就能形成的，需要我们青年学生从生活中小处着手，落实思想作风，落实各项行动。具体而言，所谓"落细"即是要细化，要将社会主义核心价值观与高校法治文化建设的原则、理念、要求细化到人们的日常生活之中，与人们日常社会生活的具体情境结合在一起，从细处见精神，从微处显观念，从而将社会主义核心价值观与法治植入人们的头脑，沉淀于人们的内心。所谓"落小"，就是要从小事做起，从个体做起。要坚持积小善为大德，从青年学生的身边小事做起，从大学生中的个体寻榜样，努力在小事上践行社会主义核心价值观和高校法治文化建设，从而引导社会风气，形成有利于社会主义核心价值观与高校法治文化建设的良好社会氛围。所谓"落实"就是要见成效，要从具体行动和实践中培育践行社会主义核心价值观与高校法治文化建设，不走过场，摒除形式主义，讲求实际效果。

贯穿结合融入、落细落小落实，也是社会主义核心价值观和高校法治文化建设融入社会生活的实践经验。2017年4月21日，中宣部在四川成都召开了社会主义核心价值观融入社会生活现场经验交流会。会上，四川成都市、锦江区、武侯区望江路街道、珙县县委宣传部，北京大碗茶文化发展有限公司、江苏省江阴市华西村、山东省青岛市崂山风景管理区、重庆市委宣传部分别介绍了把社会主义核心价值观融入社会生活的经验做法。这些做法虽各具特色，但"贯穿结合融入、落细落小落实"却是其共性所在。例如成都市委宣传部会同有关部门，聚焦"普遍认同"向"共同践行"深化，着力推动社会主义核心价值观深度融入社会生活，在融入贯穿结合和落细落小落实方面做了一些探索实践，其基本做法包括：搭建有效平台，注重提高融入的深度，始终将载体建设作为重要途径，将社会主义核心价值观融入地方性法规、市民公约、村规民约、学生守则、行业规章、团体章程，全面推进法治政府、法治成都、平安成都建设；举办法治大讲堂，开展"崇德向善·厉行法治"主题教育，深化"法律七进"，专项整治道德领域突出问题，努力实现社会规范和价值导向有机统一，用法治手段和制度力量促进文明行为养成。这些做法推动了社会主义核心价值观时时可学、处处可学、人人可学，将社会主义核心价值观与法治文化建设紧密联系在一起。再如，青岛市崂山风景管理区为把社会主义核心价值观融入游客心灵，使之内化为精神追求，外化为自觉行动，坚持运用法治思维和法治方式，加强景区的管理服务工作。其措施包括：第一，加大普法执法力度。面向职工、居民、游客三个层面，组织了旅游法等法律法规的宣传教育。建立由景区行政执法局与公安、旅游、交通、工商等组成的联席会议制度和联合执法队伍，集中力量整治扰乱旅游秩序等违法违规问题，使依法治景成为景区管理服务工作新常态。第二，强化不文明行为监管。在游客集聚区设立文明监督岗，成立文明旅游劝导队，建立不文明旅游"黑名单"，并与游客信用记录挂钩，让不文明游客"受限制""长记性"。在景区干部职工中开展人人都是"监督员、宣传员、保洁员"活动，有效约束了旅游不文明行为。第三，注重推进文明立法。积极探索将社会主义核心价值观融入高校法治文化建设，协调推进高校规范制度建设。正是在实践中遵循了"贯穿结合融入、落细落小落实"的要求，这些地区或高校的社会主义核心价值观与高校法治文化建设才如火如荼，蓬勃发展，充分证明了"贯穿结合融入、落细落小落实"的重要意义。

当前，我国正进入全面建成小康社会、全面依法治国、全面深化改革和全面依法治党的关键时期。在未来几年中，我国高校法治文化建设将从形成规范体系转向实施和实效，从以立法为中心转向以培养学生法律信仰为重点，从经济 GDP 转向法治 GDP①。在这一关键时期，进一步创新机制，贯彻"贯穿结合融入、落细落小落实"的要求，深入推进社会主义核心价值观与高校法治文化建设的融合，无疑正当其时，也极为必要。

（二）贯穿结合融入、落细落小落实实践创新的基本要求

第一，突出青年学生主体地位。青年学生是社会主义接班人，是社会变革的决定力量，是践行社会主义核心价值观和高校法治文化建设的主体。《关于培育和践行社会主义核心价值观的意见》指出："坚持以人为本，尊重群众主体地位，关注人们的利益诉求和价值愿望，促进人的全面发展。"《全面推进依法治国若干重大问题的决定》也指出："坚持人民主体地位。人民是依法治国的主体和力量源泉。"这些关于社会主义核心价值观和法治建设的纲领性意见均将人民放在突出地位，充分说明了在社会主义核心价值观与高校法治文化建设融合发展中坚持和突出青年学生主体地位的重要意义。以青年学生为主体，就要求充分体现以人为本的价值要求，将学生的利益冷暖放在心上，从实现好、维护好最广大人民的根本利益的角度推进社会主义核心价值观和高校法治文化建设的贯穿结合融入，加强对青年学生所关心问题的回应，从细微细小之处落实二者的融合发展。

第二，坚持从实际情况出发，积极鼓励区域探索。一切从实

---

① 李林：《解决好依法治国六大关键问题》，http：//news. xinhuanet. com/legal/2016 – 03/01/c_ 128763972. html.

际出发，理论联系实际，实事求是，在实践中检验和发展真理，是党的思想路线。社会主义核心价值观与高校法治文化建设的融合发展同样应遵循这一思想路线的要求。这就要求我们在社会主义核心价值观与高校法治文化建设的实践中，时刻注意从我国基本国情出发，从改革开放不断深化的实践出发，总结和运用党领导人民培育和践行社会主义核心价值观与高校法治文化建设的成功经验，围绕核心价值观与高校法治文化建设的理论和实践问题，深入开展理论创新，切实展开实际行动。同时，鉴于我国幅员辽阔，各地自然地理、社会文化、生活习惯差异较大，在此背景下推进社会主义核心价值观与高校法治文化建设的融合发展也应坚持因地制宜，尊重区域差异，回应地区需要，在此基础上寻求切合本地区社会主义核心价值观与高校法治文化建设融合的进路，将二者的融合要求落细落小落实。如镇江市在高校法治文化建设中，即注意牢牢坚持"有特色、可操作"的基本原则，针对解决本地实际问题，突出镇江特色，增强高校法治文化的实施效果和生命力。如在师生权益保障、规范性文件制定、教授治学等方面进行了积极探索，创建起高校法治文化的新模式，其做法多次获得江苏省教育厅、共青团中央奖励。这种对于地方需求的关注与探索，是镇江市社会主义核心价值观与高校法治文化建设的融合发展彰显地方特色、获得青年学生认可的重要基础。

第三，注重多部门、多维度协同。在实践中推动社会主义核心价值观与高校法治文化建设贯穿结合融入、落细落小落实，离不开不同部门多维度的参与协作。在推进社会主义核心价值观与高校法治文化建设的工作中，要注意从二者融合的实践需要出发，切实推进不同部门、不同组织之间的协调配合。在社会主义核心价值观与高校法治文化建设融合发展中，要充分发挥党委和政府的作用，把社会主义核心价值观要求体现到高校法治文化建设各领域，体现到立法、执法、司法、守法等高校法治文化建设各环节，推动培育和践行社会主义核心价值观同高校法治文化建设工作融为一体、相互促进。同时，也要充分发挥高校学生组织团体在社会主义核心价值观与高校法治文化建设方面的作用，发挥志愿者组织、社会公益组织的作用，形成落细落小落实的工作合力。

第四，运用大众化语言和青年学生喜闻乐见的形式。社会主义核心价值观与高校法治文化建设贯穿结合融入、落细落小落实要尊重青年学生主体地位，就需要在实践中更贴近青年学生生活，其形式不仅要新颖，而且要青年学生乐于接受。这一点也是实践经验的结晶。要取材于青年学生身边的鲜活故事，量身定制一批适合传播、体现时代精神的文化作品，通过传统艺术形式，对社会主义核心价值观进行形象化解读、故事化表达等，实现场景重构，推动社会主义核心价值观润物无声，实现传统文化的柔性植入，推动社会主义核心价值观的实践养成。

（三）贯穿结合融入、落细落小落实的实践创新机制

贯穿结合融入、落细落小落实是推进社会主义核心价值观与高校法治文化建设的融合发展的基本要求。然而，社会主义核心价值观与高校法治文化建设的融合发展是一个复杂过程，社会、家庭、个人等因素均会对这一过程产生影响。随着社会经济发展的加速，上述因素也在不停地发生变化，这进一步增加了推进二者融合发展工作的复杂性。因此，在坚持贯穿结合融入、落细落实落小的工作要求时，必须不断探索新的实践机制，为推进社会主义核心价值观与高校法治文化建设的融合发展保驾护航。

其一，贯穿结合融入、落细落小落实实践的领导机制。正如前文所述，贯穿结合融入、落细落小落实需要注重多部门、多维度协同，而在多部门协同过程中，坚持党的领导是保障多部门协同效果不可或缺的重要方面。党的领导是中国特色社会主义最本质的特征，是社会主义法治最根本的保证。把党的领导贯彻到依

法治国全过程和各方面，是我国社会主义高校法治文化建设的一条基本经验。从历史的角度来看，中国共产党从其诞生之日起，就将马克思列宁主义的普遍真理同中国革命和建设的具体实践结合起来，领导中国人民进行了艰苦卓绝而富有成效的斗争。中国共产党作为中国革命和建设事业的领导核心，其地位是在中国革命和建设的历史过程中形成的，中国人民选择共产党的领导，选择走社会主义道路，也是在长期艰苦的斗争中得到的共同认识，是历史发展的必然结果。邓小平同志对此深刻地指出："在中国这样的大国，要把几亿人口的思想和力量统一起来建设社会主义，没有一个由具有高度觉悟性、纪律性和自我牺牲精神的党员组成的能够真正代表和团结人民群众的党，没有这样一个党的统一领导，是不可能设想的，那就只会四分五裂，一事无成。这是全国各族人民在长期的奋斗实践中深刻认识的真理。我们人民的团结，社会的安定，民主的发展，国家的统一，都要靠党的领导。"[①] 而在当前我国社会主义核心价值观与高校法治文化建设融合进程中，没有党的领导、组织，人民管理国家、社会、经济、文化等各项事务同样难以有效地展开，社会主义核心价值观的要求也就难以转化为现实。从国情角度来看，在一个人口众多、基础薄弱的发展中国家建设社会主义，需要有一个能够代表最广大人民根本利益的坚强领导核心，将亿万人民的力量凝聚起来，在实践中推进社会主义核心价值观与高校法治文化建设的贯穿结合融入，从而培育践行社会主义核心价值观，发展社会主义法治，推进社会主义事业的发展。而在当前我国进入全面建成小康社会的决定性阶段的社会背景下，社会矛盾的增多、利益分歧的加剧，使社会主义核心价值观与高校法治文化建设的发展面临着更大的挑战。消解当前复杂的利益矛盾，建设立场正确、特色鲜明

---

① 《邓小平文选（第2卷）》，人民出版社，1994年，第311-312页。

的高校校园法治文化，更需要在党的坚强领导下进行。

其二，贯穿结合融入、落细落小落实实践的统筹协调机制。以贯穿结合融入、落细落小落实的要求推进社会主义核心价值观与高校法治文化建设的融合的发展需要对二者的理论与实践活动进行统筹协调。"统筹兼顾既是一种解决问题化解矛盾的工作方法，也是一种认识事物、分析和思考问题的思维方式和方法。作为思维方式和方法，要求具有立体化、复合性的战略思维。"① 这就要求我们在推进社会主义核心价值观与高校法治文化建设融合的发展过程中，从顶层设计的战略大局出发，在落细落小落实上着力，将顶层设计与落细落小落实的工作要求融入系统的、立体的、复合的战略格局中。"作为工作方法，要求我们在认识、处理影响共同发展、和谐发展的重大矛盾时，依据公平正义原则，全面系统地观察分析矛盾，统筹兼顾矛盾的两个方面和矛盾的各种影响因素，在一系列复杂的矛盾中，找到主要矛盾、矛盾的主要方面和引起矛盾的关节点与关键点，在明确阶段性质的基础上，综合运用各种有效方法和手段，积极应对，合理疏导引导。"② 具体到社会主义核心价值观与高校法治文化建设的贯穿结合融入、落细落小落实，就需要高校各单位各部门在实践中既要注意组织内部在二者融合实践中的协调，也要注意组织外部的工作关系；既要强调社会主义核心价值观与高校法治文化建设融合发展的总体要求与目标，也要强调融合发展过程中人的因素，从而形成全社会关心和支持社会主义核心价值观与高校法治文化建设融合发展的工作的整体合力，为二者的贯穿结合融入、落细落小落实的工作实践奠定基础。

---

① 田鹏颖：《社会主义核心价值观七论》，社会科学文献出版社，2015 年，第 218 - 219 页。

② 田鹏颖：《社会主义核心价值观七论》，社会科学文献出版社，2015 年，第 219 页。

其三，贯穿结合融入、落细落小落实实践的多元化激励奖惩机制。贯穿结合融入、落细落小落实工作要求的落实应注意建立激励机制。"在管理学中，激励是指激发员工的工作动机，也就是说用各种有效的方法去调动员工的积极性和创造性，使员工努力去完成组织的任务，实现组织的目标。有效的激励会点燃员工的激情，使其工作动机更加强烈，让他们产生超越自我和他人的欲望，将潜在的巨大的内驱力释放出来，并积极行动，付出更多的时间和精力，以实现激励主体所期望的目标或表现符合组织要求的行为。"① 其实，不仅企业管理需要激励，社会主义核心价值观与高校法治文化建设的贯穿结合与落细落小落实也需要激励。激励可以是物质方面的激励，也可以是精神方面的激励，可以是正向的激励，也可以是负向的，其具体形式可以多样化。在社会主义核心价值观与高校法治文化建设融合实践中，应结合具体情况，综合运用利益激励、物质激励、榜样激励、情感激励等多种手段，对在贯穿结合融入、落细落小落实的工作实践中成绩突出的个人和组织及时进行正向激励，引导社会行为趋向，对不符合社会主义核心价值观要求的行为也要进行适当的批评和惩罚，以弱化不良行为的产生。具体实践中，有些地方针对社会主义核心价值观与高校法治文化建设的融合制定细致的考评标准，如将法治要求细化到文明系列先进单位评选、窗口单位优质服务竞赛、学雷锋志愿服务示范岗、诚信标兵、诚信之星、师德标兵、学习之星等评选标准之中，并作为评先评优的先决条件，在考评细则中加大对培育和践行社会主义核心价值观、遵纪守法等内容的考评分值，引导单位自觉践行法治精神。这一做法值得肯定和借鉴。

---

① 单文慧：《激励机制在企业文化建设中的运用》，《赤峰学院学报》，2011 年第 11 期。

二、坚持公众参与、增强行为自觉的教育引导方式

社会主义核心价值观与高校法治文化建设的融合发展离不开教育引导。尤其是在当今社会主体多元、利益分化、思潮多变的情境下，青年学生对于价值观念的选择与接收也存在多样的选择。主流意识形态的培育与高校法治文化建设的推进若离开了教育引导，价值观念与高校法治文化建设的主阵地就会丢失，遑论二者的融合发展。因此，推进社会主义核心价值观与高校法治文化建设的融合发展必须高度重视教育引导工作。而在新的时代背景下，尊重价值观念的教育规律，以公众参与、增强行为自觉为中心创新工作方式，形成有利于社会主义核心价值观与高校法治文化建设融合发展的社会文化文化，已成为当务之急。

（一）坚持公众参与、增强行为自觉的实践意义

公众参与是近年来我国政治社会生活中的热点词汇和重要现象。对于公众参与，传统的研究较为注重其政治意义，强调的是公民对于政治过程尤其是政治选举的场域。20 世纪 60 年代以后，随着新公共行政理论的兴起，公众参与逐步进入公共治理问题领域，公众参与成为实现社会公平、提升公共管理效能的重要措施，获得人们普遍的重视。在我国，公众参与是近些年来才逐步兴起的。学者称 2007 年是中国公众参与元年①。当年党的第十七次全国代表大会明确指出："坚持国家一切权力属于人民，从各个层次、各个领域扩大公民有序政治参与，最广泛地动员和组织人民依法管理国家事务和社会事务、管理经济和文化事业。""推进决策科学化、民主化，完善决策信息和智力支持系统，增强决策透明度和公众参与度。"十八届四中全会《关于全面推进依法

---

① 王锡锌：《公众参与和中国新公共运动的兴起》，中国法制出版社，2008 年，第 1 页。

治国若干重大问题的决定》更是明确提出："拓宽公民有序参与立法途径，健全法律法规规章草案公开征求意见和公众意见采纳情况反馈机制，广泛凝聚共识。"强调"必须保证人民在党的领导下，依照法律规定，通过各种途径和形式管理国家事务，管理经济文化事业，管理社会事务。必须使人民认识到法律既是保障自身权利的有力武器，也是必须遵守的行为规范，增强全社会学法尊法守法用法意识，使法律为人民所掌握、所遵守、所运用"。上述宣示，不仅深刻体现了党和政府对日益崛起的公民社会的肯定，而且也为中国公众参与事业的蓬勃发展提供了坚实的政治基础。

公众参与不仅具有深刻的政治意义，而且也是社会公众形成公民意识进而展开公民自觉行动的重要途径。从公众参与角度来看，公民意识意味着"有序参与的自觉"，其表现为参与者的主人意识、权益意识和法治意识①。这种意识无疑将促使参与者端正参与态度，摒弃对抗策略，迈向依照规则处理公共事务，依法维护自身合法权益的途径，进而有助于形成最为广泛的利益认同，形成最为广泛的社会共识。尤其是在行政法领域中，公众参与的价值更是获得了人们的认可。相对人的参与不仅彰显了自身相对于行政主体的平等法律地位，更提供了相对人在行政程序中对抗或抑制行政主体专横、武断的权利基础。而从程序性权利体系的角度来看，参与权本身内在地要求着行政行为的公开和透明，同时也构成了相对人知情权和抗辩权的"母体"，成为程序性权利体系的逻辑起点②。不难看出，公众参与的实践，其伴随的必然是公民身份的觉醒。而公民身份的觉醒及围绕着社会公共

---

① 王锡锌：《公众参与和中国新公共运动的兴起》，中国法制出版社，2008 年，第 21－22 页。

② 牛玉兵：《农民土地征收参与权的实现困境与对策》，《四川行政学院学报》，2014 年第 3 期。

生活的场域实践，也将是形成公民自觉行动而不是被动依附的社会关系的基本途径。

社会主义核心价值观和高校法治文化建设的融合发展同样离不开社会公众的广泛参与，离不开广大教师与青年学生切切实实的自觉行动。《关于培育和践行社会主义核心价值观的意见》指出："坚持改进创新，善于运用群众喜闻乐见的方式，搭建群众便于参与的平台，开辟群众乐于参与的渠道，积极推进理念创新、手段创新和基层工作创新，增强工作的吸引力感染力。"在组织领导方面，要"坚持全党动手、全社会参与，把培育和践行社会主义核心价值观同各领域的行政管理、行业管理和社会管理结合起来，形成齐抓共管的工作格局"。公众参与的作用在这一意见中得到了充分的重视。公众参与之所以得到重视，其原因不仅在于前述公众参与的一般价值，更在于其对于社会主义核心价值观与高校法治文化建设所具有的积极作用。社会主义核心价值观由国家、社会、个人三个层面的价值范畴构成。"建设现代国家、培育现代社会，必须以建设现代化的'现实的个人'为前提。日常生活中的共同习惯与自觉行为是'爱国、敬业、诚信、友善'的外化，每一个人之所以能在潜移默化中得以健康成长与全面发展，是因为他们在实践过程中相互影响。"[①] 也就是说，只有让社会公众广泛地参与到社会主义核心价值观与高校法治文化建设的过程中，个人爱国、敬业、诚信、友善的价值观念才能得到培育，自由、平等、公正、法治的价值观念才能得到发展，富强、民主、文明、和谐的现代国家价值目标才能最终实现。

公众参与、行为自觉对于社会主义核心价值观与高校法治文化建设具有重要意义。然而，青年学生参与的实现却要受到多种

---

① 田鹏颖：《社会主义核心价值观七论》，社会科学文献出版社，2015年，第217页。

条件的限制。除了制度供给等因素以外，大学生参与的有效性与参与主体自身的能力密切相关。在政治领域，美国学者阿尔蒙德曾将主体的参与能力区分为主观能力和客观能力两个方面。主观能力是指公民对自己影响和参与政府决策的认知、情感和态度，客观能力则是指公民影响和参与政府决策的实际能力。主观能力和客观能力相辅相成，主观能力是客观能力的基础和前提，客观能力是实现主观能力和提高参与效果的支撑和保障①。如果对公民参与的这两种能力进一步加以细分，又可以区分出知识因素、心理因素及行为因素等基本的构成要素。由于受到经济、政治及社会文化等多方面因素的影响，现实中大学生参与在主观能力和客观能力方面都存在着一定的不足②。如在主观能力方面，由于长久以来行政权威的影响，社会主体通常习惯依附于政府，不能够充分认识到自身的主体地位和享有的权利内容，也尚未完全习惯充分利用自己群体内的合作，以及与其他社会组织的合作以实现自身利益；而在有了一定的意识进行参与时，则又往往因法治意识较弱而忽视了权利行使的范围与边界，这或者导致公众参与的低程度，或者容易演化为暴力抗争的非制度、非理性行为。面对此种境况，以公众参与增强行为自觉就急需通过教育引导的方式来进行，以便通过广泛的宣传教育和文化熏陶，激发并引导公众有序、理性、合法参与，增进社会主义核心价值观与高校法治文化建设的融合发展。

（二）坚持公众参与、行为自觉的宣传教育方式

在人类社会生活中，教育的重要性毋庸多言。法国哲学家狄德罗针对教育曾指出：对于民族来说，一个民族重视学习新知

---

① 阿尔蒙德·鲍威尔：《比较政治学：体系、过程和政策》，曹沛林译，东方出版社，2007年，第199页。

② 牛玉兵：《农民土地征收参与权的实现困境与对策》，《四川行政学院学报》，2014年第3期。

识，注重通过教育来增长知识总量，那么这个民族便会逐步强大，最终走向文明、繁荣、富强；如果一个国家或民族不注意发展教育，那么这个国家或民族迟早要走向衰败。对于个人而言，教育则是使个人摆脱愚昧，弘扬理性，拥有尊严的最佳手段①。社会主义核心价值观与高校法治文化建设的融合发展离不开广泛深入的教育。

第一，在学校教育中推进公众参与、行为自觉的宣传教育。

学校教育是社会主义核心价值观与高校法治文化建设的主阵地，青少年是社会主义核心价值观与高校法治文化建设的主力军。在学校教育中，坚持以邓小平理论和"三个代表"重要思想为指导，以科学发展观为统领，培养有理想、有道德、有文化、有纪律的德智体美劳全面发展的社会主义建设者和接班人，是新时期学校教育的重要任务，是培养具有参与精神和行为自觉的未来接班人的必由之路。

在学校教育中推进公众参与、行为自觉的宣传教育应注重道德与法治教育的融合。德育的根本在于以德树人、以德立人，即注重教育对象的道德品质、道德能力，以及理想信念、人生观价值观世界观的塑造。在德育过程中，社会主义核心价值观以其丰富的内涵将国家、社会、个人的价值目标融合在一起，是学校教育以德树人、以德立人的价值根据和标准。在学校德育过程中，加强社会主义核心价值观教育应以适应青少年身心特点为前提，符合青少年的成长规律。同时，在学校教育过程中，也应注意法治精神的引入，培养具有法治意识的现代公民。

在学校教育中推进公众参与、行为自觉的宣传教育应注重现实，关注学生品行的实践养成。这就需要在社会主义核心价值观与高校法治文化建设的学校教育中，借助于历史与现实的丰富事

---

① 单中惠：《西方教育学名著提要》，江西人民出版社，2000年，第147页。

例讲清楚二者之间的内在关联机理，通过视频、照片等可视性、体验性、互动性方式推动社会主义核心价值观与高校法治文化建设进课堂、进教材、进头脑，引导学生了解社会主义核心价值观与高校法治文化建设融合发展的要义，引导学生理解社会主义核心价值观与高校法治文化建设融合发展的实质，帮助学生将其内化为自己的主观需要，转化为行动指南。在学校教育中推进公众参与、行为自觉的宣传教育还应充分注意发挥师德风尚的引领示范作用。师德是学校教育的灵魂，教师的师德师风对学生有着潜移默化的影响。教师在实践中坚持践行社会主义核心价值观，坚持用法治思维和法治方式处理教育事务，对于学生主动参与精神的养成和学生自觉精神的塑造均具有不可忽视的作用。这就需要教师在教育过程中坚定理想信念，坚守职业道德，发挥优良传统，坚持为人师表，通过自身教学工作中将社会主义核心价值观与高校法治文化建设融合的具体实践，引导学生接受认同社会主义核心价值观，增强行为自觉性。

第二，在家庭教育中推进公众参与、行为自觉的宣传教育。

家庭是社会的细胞，家庭教育是个人学校教育之外最为重要的领域。这决定了家庭教育在推进社会主义核心价值观与高校法治文化建设融合发展方面具有不可替代的作用。具体而言，家庭教育相较于学校教育，具有连续性、全面性、权威性等特征。家庭教育的连续性表现为其几乎贯穿了个人的成长过程，特别是由于个体的早期成长主要依赖于家庭，家庭的教育发挥着奠基性作用。家庭教育的全面性表现为家庭教育的内容广泛，渗透深远。家庭的文化氛围、生活习俗甚至家庭个体的个人爱好，均会对家庭成员尤其是青少年产生深刻影响。家庭教育的权威性表现为父母子女等的亲情伦理所带来的人格权威，这种人格权威具有学校教育所不具备的力量。

正是由于家庭教育具有不可或缺的作用，在社会主义核心价值观与高校法治文化建设融合发展过程中坚持公众参与、增强行为自觉的教育，就必须切实注重家庭的作用。应从社会主义核心价值观与高校法治文化建设融合发展的需要出发，在家庭层面大力推进文明、和谐的社会主义核心价值观教育，积极评选"最美家庭""慈孝之星"等优秀的家庭典型和模范个人，引导家庭成员和社会公众文明向善，形成积极主动的社会风气。

第三，在社会教育中推进公共参与、行为自觉的宣传教育。

社会教育有广义和狭义之分。"广义的社会教育，是指社会环境对人的思想观念发生的作用；狭义的社会教育，是指学校和家庭以外的社会文化机构以及有关的社会团体或组织，对社会成员所进行的教育。"① 社会教育与学校教育、家庭教育不同。社会教育本身并不设定教育目标，是基于社会文化、社会环境对个体的思想观念产生影响，而且，由于环境对人的影响是潜移默化的，因而社会教育的展开也就总是在个体不知不觉的情况下进行。今天，由于社会交往媒介和方式的丰富，社会环境对个体的影响愈加深远。在社会主义核心价值观与高校法治文化建设融合发展的实践中，注重通过社会教育推进公众参与、行为自觉的宣传教育同样至关重要。

在社会教育中推进公众参与、行为自觉的社会主义核心价值观与高校法治文化建设宣传教育，应充分创新社会教育的载体与形式，通过政治生活、生产劳动、娱乐活动等，将社会主义核心价值观与高校法治文化建设的教育贯穿在一起。这一点在前述社会主义核心价值观与高校法治文化建设的案例中已经有较为充分的体现。除此以外，考虑到现代社会网络化的特点，在社会教育中也应充分发挥新闻媒体包括新兴媒体的作用，在新闻宣传中牢

① 李纪岩：《当代大学生社会主义核心价值观培育研究》，山东人民出版社，2013年，第111页。

牢把握正确舆论导向，着力传承价值观念，塑造价值主体，通过典型事例的行为魅力，引导公众理性合法参与公共事件的讨论，增强主体行为自觉习惯的养成。

（三）增强公众参与、行为自觉的文化熏陶方式

社会主义核心价值观与高校法治文化建设的融合发展需要教育引导，同时也离不开文化熏陶。文化是与自然相对而言的，"文化就是人化"，就是"依'人'的意义、向人的理想改变世界和人本身"①。文化因而就是"以文化人"的过程。通过文化熏陶推进社会主义核心价值观与高校法治文化建设的融合发展，既要注意传统文化的积极作用，也要充分运用当代文化精品加以熏陶。

其一，积极继承传统文化，增强公众参与、行为自觉的文化熏陶。

优秀传统文化是社会主义核心价值观的重要来源之一。中华五千年文明的文化积累是今天现代社会条件下推进社会主义核心价值观与高校法治文化建设融合发展不竭的文化资源。对于中华传统核心文化，以往研究多有概括。如有研究者将其概括为"天人合一、民胞物与的世界观""刚健有为、自强不息的人生观""和而不同、贵和尚中的文化观""诚实守信、厚德载物的道德观""民为邦本、民贵君轻的政治观""协和万邦、天下大同的国际观"等②；也有研究者将其概括为"以人为本""以德为本""以民为本""以合为本"，认为中华传统文化的特点在于其强调"责任先于自由""义务先于权利""群体高于个人""和谐高于

①　孙美堂：《文化价值论》，云南人民出版社，2005年，第13页。
②　双传学：《社会主义核心价值观研究丛书·实践篇》，江苏人民出版社，2015年，第168－170页。

冲突""不患寡而患不均，不患贫而患不安"①。这些概括，其内容虽有所差异，但无疑均是中华传统文化主流价值观的体现。今天在当代中国推进社会主义核心价值观与高校法治文化建设，传统文化无疑是基础所在。对此，习近平总书记曾指出："培育和弘扬社会主义核心价值观必须立足中华优秀传统文化。牢固的核心价值观，都有其固有的根本。抛弃传统、丢掉根本，就等于割断了自己的精神命脉。"习总书记进一步概括了中华传统文化的六个方面，即"讲仁爱、重民本、守诚信、崇正义、尚和合、求大同"。这一概括将中华传统美德、政治理念、社会理想、民族精神方面的根本要素融合在一起，言简意赅地表明了中华优秀传统文化的核心内容。社会主义核心价值观与高校法治文化建设的融合发展，应以中华民族传统文化为基础、为渊源，突出社会主义核心价值与高校法治文化建设和传统文化的关系，在传统文化的传承发扬中展开实践工作。

事实上，在今天社会主义核心价值观与高校法治文化建设融合发展的实践中，利用传统文化吸引青年学生参与、增强行为自觉已经得到了人们较为广泛的重视。如上海搭建寻找记忆的文化平台，使社会主义核心价值观广泛传播。如奉贤区通过建造"贤园""贤文化博物馆""严子讲坛"等文化平台，积极倡导"敬奉贤人、见贤思齐"的传统"贤文化"理念，构建青年学生的精神家园，推进了社会主义核心价值观的本土化、具体化，促进社会主义核心价值体系在奉贤的落地和"全国文明城区"的建成②。这种注重将传统文化与社会主义核心价值观和高校法治文化建设相结合的做法易于为青年学生接受，能够很好地引导社会

---

① 陈来：《中华传统文化与核心价值观》，http：//theory. people. com. cn/n/2014/0811/c40531 - 25441983. html.

② 中共上海市委宣传部：《关于把社会主义核心价值观要求融入法治实践和社会治理的调研报告》，http：//gov. eastday. com/node2/shsyh/dybg/u1ai3227. html.

公众参与到社会主义核心价值观与高校法治文化建设的过程中去。在社会主义核心价值观与高校法治文化建设融合发展过程中，应进一步建立大教育格局，实现中华传统文化的教育普及，大力开展青年学生精神文明创建活动，将蕴含优秀传统文化的事例发扬光大，深入推进社会文明建设，将传统文化"讲仁爱、重民本、守诚信、崇正义、尚和合、求大同"的精神融入社会文明建设之中。要积极开展形式多样、学生喜闻乐见的传统文化活动，满足青年对于传统文化的内在需求。通过社会主义核心价值观与法治教育，在全社会加大诚信建设，追求社会和谐。

其二，加强当代文化建设，增强公众参与、行为自觉的文化熏陶。

习近平总书记指出："不忘本来才能开辟未来，善于继承才能更好创新。对历史文化特别是先人传承下来的价值理念和道德规范，要坚持古为今用、推陈出新，有鉴别地加以对待，有扬弃地予以继承。"这一论述提醒我们，以文化熏陶推进社会主义核心价值观与高校法治文化建设的融合发展，不仅要积极继承优秀传统文化的精神内核，而且要在当代中国社会主义建设的环境下推陈出新。这就需要在新的时代背景下，进一步加强文化建设，大力弘扬以爱国主义为核心的民族精神和以改革创新为核心的时代精神，善于运用网络新型媒介，增强接受宣传教育和自觉践行的"内生动力"。

在新的时代背景下，加强当代文化建设，增强公众参与、行为自觉，需要明确文化繁荣对于中华民族复兴的重大意义。习近平总书记2014年10月15日在文艺工作座谈会上指出："没有中华文化繁荣兴盛，就没有中华民族伟大复兴。一个民族的复兴需要强大的物质力量，也需要强大的精神力量。没有先进文化的积极引领，没有人民精神世界的极大丰富，没有民族精神力量的不断增强，一个国家、一个民族不可能屹立于世界民族之林。"在实现"两个一百年"奋斗目标、实现中华民族伟大复兴的中国梦的进程中，更需要文化的繁荣兴盛。

在新的时代背景下，加强当代文化建设，增强公众参与、行为自觉，需要进一步创作适合时代需要的优秀作品。习近平总书记指出，衡量一个时代的文艺成就最终要看作品。推动文艺繁荣发展，最根本的是要创作生产出无愧于我们这个伟大民族、伟大时代的优秀作品。没有优秀作品，其他事情搞得再热闹、再花哨，那也只是表面文章，是不能真正深入人民精神世界的，是不能触及人的灵魂、引起年轻一代思想共鸣的。这就需要在当代文化建设中，根据社会主义核心价值观与高校法治文化建设融合的实践需要，进一步创作出代表青年的利益与心声，满足大学生审美需要和价值标准，具有思想性、艺术性和观赏性的优秀文化作品，引导青年学生增强行为自觉，参与到社会主义核心价值观培育践行的实践过程之中。

在新的时代背景下，加强当代文化建设，增强公众参与、行为自觉，需要进一步引导社会开展多种样式的文化活动，如文化节、读书节、百姓舞台、书画展览、才艺比赛等，让这些活动成为广受欢迎、人人乐于参与的文化品牌。要积极开展文化宣教，充分利用五四、十一、抗战胜利纪念日、国家公祭日等政治性、纪念性节日，利用各种文化博物馆、爱国主义教育基地、图书馆等馆所场地，发挥革命遗址遗迹的教育功能，使社会主义核心价值观与高校法治文化建设的融合有丰富的文化载体，有活泼的文化形式，使价值观念与法治精神深入人心。

第四节　社会主义核心价值观与高校法治文化建设的　　　　总体贯通

社会主义核心价值观与高校法治文化建设的融合发展需要顶

层设计和政策安排来实现二者的协同，这是宏观层面实现二者融合发展的必要举措。但是，宏观的战略要转化为现实，还需要具体的制度规范与机制的保障，才能在实践中真正实现二者的融合贯通。这意味着，在培育和践行社会主义核心价值观，把社会主义核心价值观融入高校法治文化建设的过程中，我们不仅要加强顶层设计与政策安排，更要加强制度建设，让社会主义核心价值观与高校法治文化建设通过制度的中介和实践的途径走进大学生的日常生活之中，通过制度规范与机制营造社会主义核心价值观与高校法治文化建设融合发展的新局面，实现二者的良性互动与有机融合。

一、总体贯通是社会主义核心价值观与高校法治文化建设的重要经验

在汉语词汇中，"贯通"意指事物各部分有机的连接、通连，或者是人们对于事物全部透彻的了解。在社会主义核心价值观与高校法治文化建设融合发展过程中，实现社会主义核心价值观的总体贯通是从各地实践中得出的重要经验之一。《关于进一步把社会主义核心价值观融入法治建设的指导意见》中明确提出："进一步把社会主义核心价值观融入法治建设，必须全面贯彻党的十八大和十八届三中、四中、五中、六中全会精神，深入贯彻习近平总书记系列重要讲话精神和治国理政新理念新思想新战略，全面落实依法治国基本方略，坚持依法治国和以德治国相结合，把社会主义核心价值观融入法治国家、法治政府、法治社会建设全过程，融入科学立法、严格执法、公正司法、全民守法各环节，以法治体现道德理念、强化法律对道德建设的促进作用，推动社会主义核心价值观更加深入人心。"这是对社会主义核心价值观与高校法治文化建设总体贯通经验的集中论述。按照这一论述，社会主义核心价值观与高校法治文化建设的总体贯通，包

含以下基本内容：

第一，社会主义核心价值观与高校法治文化建设的总体贯通要求法律与道德、依法治国与以德治国的有机贯通。法律与道德是人们社会行为的重要规范。二者既有差异，又有联系。"道德是人们心中的法律。道德能够滋养法治精神。没有道德滋养，法治就缺乏源头活水，法律实施就缺乏坚实社会基础。如果一个社会道德水平低下，人们的自律意识就很差，违法犯罪的行为就越多。而良法善治是践行社会主义核心价值观的基础。要使法成为良法，必须融入道德理念，有了思想层面的道德支撑，才能使法成为良法，才能培育出遵守法治的社会环境。"① 法律与道德的这种内在关联既提供了社会主义核心价值观与高校法治文化建设相互贯通的基础，同时也是实现二者融合发展的实践要求。

第二，社会主义核心价值观与高校法治文化建设的总体贯通要求将二者融合贯穿到高校管理的全过程。社会主义核心价值观与高校法治文化建设的总体贯通表现于高校日常管理的过程之中。社会主义核心价值观与高校法治文化建设的贯通首先需要在高校规范性文件制定的过程中坚持社会主义核心价值观的引领地位，贯彻社会主义核心价值观的基本理念。而高校在教学、科研和日常活动中，也应将社会主义核心价值观的要求贯穿其中，实现二者的有机融合。

第三，社会主义核心价值观与高校法治文化建设的总体贯通要求将二者融合贯穿到高校管理的全领域。坚持高校教学科研和法治德治一体建设，不仅充分展现了法治中国建设的内涵，而且也是当代中国的高校法治文化建设朝向精细化、规范化、民主化发展的时代要求。自由、平等、公正等社会主义核心价值观，作

---

① 拉金彪：《法治与道德相互融合是社会主义核心价值观建设的重要途径》，《海南日报》，2017 年 3 月 23 日第 6 版。

为当代中国社会的价值取向，其与高校法治文化建设的贯穿也就需要与法治中国所内含的国家、政府、社会三个维度相贯通，从而促使社会主义核心价值观与高校法治文化建设在精细化、规范化、民主化的进程中实现统一。

总之，总体贯通是社会主义核心价值观与高校法治文化建设融合的内在要求，也是培育与践行社会主义核心价值观生动实践的经验总结。只有实现二者的融会贯通，社会主义核心价值观与高校法治文化建设相互支撑、互动并进、融合发展的格局才能真正转换为现实。在当前社会思想多元、利益分化、矛盾分歧增加的社会背景下，实现二者的有机贯通，需要我们充分利用制度规范与机制，正确处理国家、政府、社会与校园的关系，形成道德与法律、自治与他治的规范合力，从而确保社会主义核心价值观与高校法治文化建设协调统一，形成既充满活力又和谐有序的社会秩序，最大限度地实现广大师生的利益与福祉。

二、以制度规范推动社会主义核心价值观与高校法治文化建设的总体贯通

（一）制度规范是推动社会主义核心价值观与高校法治文化建设总体贯通的重要力量

从广义上讲，制度规范指向的是某种社会行为规则。"制度是人类相互交往的规则。它抑制着可能出现的、机会主义的和乖僻的个人行为，使人们的行为可以预见并由此促进着劳动分工和财富创造。"① 作为完整的体系的"制度"概念，既包括正式制度，也包括非正式制度。正式制度是人们以某种明确的形式有意识地针对社会行为与社会生活所确定的规范，并且由行为人所在的组织进行监督和用强制力保证实施的行为规范。法律、法规、

① 史漫飞，柯武刚：《制度经济学》，商务印书馆，2000 年，第 35 页。

规章、政策等是最有代表性的正式制度。非正式制度是人们在长期交往中自发形成并被人们无意识地接受的行为规范，主要包括道德规范、风俗习惯、文化传统等①。与正式制度不同，道德规范、风俗习惯等是人们在长期的社会生活中逐步演化而来的行为规范，它一般以不成文的观念形态存在于人们的头脑中，其约束作用更多地依赖于人们的自觉遵守与服从而不是国家强制力的硬性约束。此处主要对法律之外的其他制度规范尤其是非正式的制度规范在保障社会主义核心价值观与高校法治文化建设总体贯通方面的作用进行论述。

在社会主义核心价值观与高校法治文化建设融合发展中，实现二者的总体贯通，制度规范的作用是极为重要的。实践中，通过制度规范实现二者贯通的例子不胜枚举。例如，镇江市在法治框架内推进社会主义核心价值观规范化，努力将社会主义核心价值观的要求转化为可操作化的制度规范。通过组织修订市民公约、乡规民约、学生守则，突出遵纪守法内容，注重规则意识培育，倡导契约精神，弘扬公序良俗，引导青年学生自觉遵守法律规则，履行法定义务和社会责任，使社会主义核心价值观转换为具体的制度行为规定，增强了社会主义核心价值观的可操作性。再如，上海市高校在将社会主义核心价值观融入法治和校园治理过程中，注重将社会主义核心价值观建设渗透到制度规范与单位规则之中。上海各高校注重建设体现社会主义核心价值观的校园文化，以价值观管理促进校园文明进步，形成广大师生的价值共识，凝聚校园法治建设力量，同时把校园法治文化理念向学生社区、学院辐射，融入社会治理，营造和谐文明、诚信友善的社会环境。这些生动丰富的实践事例，充分彰显了制度规范在促进社

---

① 杨嵘均：《乡村治理结构调适与转型》，南京师范大学出版社，2014 年，第 65 页。

会主义核心价值观与高校法治文化建设相贯通方面的独特作用。

（二）充分发挥制度规范的特点，推动社会主义核心价值观与高校法治文化建设总体贯通

根据已有实践，制度规范在推动社会主义核心价值观与高校法治文化建设总体贯通方面具有自己独特的特点：

第一，制度规范的自发性提供了社会主义核心价值观与高校法治文化建设总体贯通的观念基础。现实生活中，相当一部分的道德规范是基于文化传统和生活习惯形成的，基于这些规范甚至可以形成"无需法律的秩序"①，人们对于这种制度规范的接受常常是出于习惯而不是理性的计算。这一特点为通过制度规范实现社会主义核心价值观与高校法治文化建设潜移默化的贯通提供了观念基础。

第二，制度规范的广泛性提供了社会主义核心价值观与高校法治文化建设总体贯通的多个维度。正如前文所述，以道德规范、行业规范、单位规章等为表现形式的社会行为规范通常渗透到社会生活的方方面面，这些非正式的制度规范所调节的社会关系的范围，比正式的法律制度规范调整的范围还要广泛。充分利用这种广泛性，无疑可以为社会主义核心价值观与高校法治文化建设提供融合贯通的多维通道。

第三，制度规范的持续性提供了社会主义核心价值观与高校法治文化建设总体贯通的长期效果。与正式的制度规范相比较，道德规范等非正式制度一旦形成就会长期持续下去，其变迁与演进通常较为缓慢。甚至在法律等正式制度发生变化时，非正式制度的某些内容仍旧会遗传下来，在社会生活中持续发挥其作用。这一特点意味着，通过道德规范等贯通社会主义核心价值观与高

---

① 罗伯特·C. 埃里克森：《无需法律的秩序：邻人如何解决纠纷》，苏力译，中国政法大学出版社，2003年。

校法治文化建设，能够实现二者的长期融合与发展。

当然，制度规范在具有上述优势的同时，其制度刚性的相对缺乏也往往导致某些不足，这需要我们充分关注正式制度与非正式制度之间的互动关系，综合运用道德规范等非正式制度与法律机制等正式制度，实现社会主义核心价值观与高校法治文化建设的总体贯通。

三、以法律机制保障社会主义核心价值观与高校法治文化建设的总体贯通

（一）法律机制是实现社会主义核心价值观与高校法治文化建设总体贯通的重要保障

实现社会主义核心价值观与高校法治文化建设的总体贯通离不开法律机制的保障。社会主义核心价值观是中国特色社会主义法治的灵魂。"社会主义核心价值观是民族精神和时代精神的高度凝练，是中国特色社会主义法治的价值内核，是坚持中国特色社会主义法治发展道路的基本遵循。推动社会主义核心价值观建设，必须以法治为保障；中国特色社会主义法治道路建设，必须把社会主义核心价值观贯穿始终。"① 这是我国高校法治文化建设的重要特性。

基于这一特性，在社会主义核心价值观的价值体系中，法治就具有了独特的地位和作用。具体而言，在这一体系中，法治属于社会层面的价值之一，它与自由、平等和公正一起构成了社会层面的核心价值体系。但除此之外，还必须注意到，"法治这个价值具有广泛的渗透性和基础性，它不仅仅在社会层面起着价值引领的作用，同时，法治还在国家层面的价值体系中起着目标定

---

① 刘旺洪：《社会主义核心价值观是中国特色社会主义法的灵魂》，《红旗文稿》，2017 年第 3 期。

位和机制保障作用"①。一方面，富强、民主、文明与和谐的国家层面的价值体系需要通过法治来保障；另一方面，在全面依法治国、建设社会主义法治国家的环境下，建设与实现社会主义法治国家，也和富强、民主、文明、和谐的国家层面价值目标不可分割地融合在一起。"法治作为社会主义核心价值观的一个'成员'，同样对国家层面的价值观发挥作用，它既是国家层面价值观的保障，也是国家层面价值观的重要基础。并且，法治在个人价值层面也具有基础和保障作用。爱国、敬业、诚信和友善本身都是社会主义法治的应有之义。实现了法治国家，真正的爱国主义便蕴含其中。敬业、诚信和友善既是个人道德和伦理的要求，一定意义上也是法治的要求。"② 正是由于法治在社会主义核心价值观中具有特殊的地位和作用，《关于进一步把社会主义核心价值观融入法治建设的指导意见》明确指出："法律法规体现鲜明价值导向，社会主义法律法规直接影响人们对社会主义核心价值观的认知认同和自觉践行。要坚持以社会主义核心价值观为引领，恪守以民为本、立法为民理念，把社会主义核心价值观的要求体现到宪法法律、法规规章和公共政策之中，转化为具有刚性约束力的法律规定。"法律机制之于社会主义核心价值观与高校法治文化建设的总体贯通也就不可或缺。

（二）完善法律机制，保障社会主义核心价值观与高校法治文化建设的总体贯通

一般认为，法律机制是指法律的运作、调节机制，在实行法制的整个过程中各个环节间相互协调、一致的动作，最有效地发

---

① 汤维建：《把握社会主义核心价值观的法治维度》，《检察日报》，2016年3月22日第3版。

② 汤维建：《把握社会主义核心价值观的法治维度》，《检察日报》，2016年3月22日第3版。

挥其部分和整体功能的状况。它是一个动态的概念①。要从法律的各个方面的联系和从法律的动态上来考察法律对社会关系的调整功能的运行过程，目的在于使法律确切地反映社会关系发展需要，正确地实施法律规范，谋求法律对社会关系调节的最佳效果，以达到立法者的目的②。而从内容角度来看，由于法律制度的基本要素是利益与正义，因而法律机制也就是法律生活中合乎利益与正义规律的调整方式③，是法律价值的体现方式和实现手段④。就社会主义核心价值观与高校法治文化建设的总体贯通而言，法律机制保障主要体现在以下几方面：

第一，保障社会主义核心价值观与高校法治文化建设总体贯通的法律生成机制。法的生成是特定国家的法和法律制度在特定环境与条件下的产生与形成⑤。法律的生成是法律运作的首要环节，也是社会主义核心价值观与高校法治文化建设相互贯通的起始环节。法律的生成包括了国家的立法过程，国家立法虽然在形式上是创制的，但实质上包含了以往社会秩序和现存社会秩序中的合理内容，因而本质上也是生成的。在保障社会主义核心价值观与高校法治文化建设融合贯通过程中，应以社会主义核心价值观为引领，恪守以民为本、立法为民的理念，坚持民主立法、科学立法，建立起立法的规划论证机制、公众参与机制、法律草案审议机制、立法程序评估机制等具体机制，充分吸纳民意，保障社会主义核心价值观与高校法治文化建设在法律生成环节的融合贯通。

---

① 王威：《市场经济、法律体系与法制机制》，《西南师范大学学报》，1994年第4期。

② 廖盖隆，等：《马克思主义百科要览（上卷）》，人民日报出版社，1993年，第1316页。

③ 杨宗科：《法律机制论》，西北大学出版社，2000年，第199页。

④ 杨宗科：《法律机制论》，西北大学出版社，2000年，第201页。

⑤ 葛洪义：《法理学》，中国法制出版社，2007年，第165页。

第二，保障社会主义核心价值观与高校法治文化建设总体贯通的法律运作机制。法律的生成是法律运作的起点，但法律只有转换为社会现实才能真正实现其生命历程。法律的生命历程，总体上表现为执法、司法和守法的诸多环节，这同时也就构成了社会主义核心价值观与高校法治文化建设相互贯通的重要环节。进一步完善法律运作机制，需要我们在实践中按照社会主义核心价值观与高校法治文化建设的要求，严格规范校园执法，认真对待关涉师生切身利益的纠纷处置，全面倡导全民守法，促进社会主义核心价值观与法治的融合，营造出诚实守信的社会氛围。

第三，保障社会主义核心价值观与高校法治文化建设总体贯通的法律与其他制度规范协调机制。正如前文所述，法律从社会中生成，国家正式的立法活动只是法律生成的表现形式之一。"应该认识到，现代国家的立法对现代社会秩序的形成具有重要作用。但是，另一方面也要认识到，国家立法不是社会中秩序的唯一的规范基础，尤其在社会民事生活领域，法律最多能够提供一个基本秩序的规范标准，人们的行为更多是依赖习惯、道德、政策、宗教的。"① 依照这一原理，社会主义核心价值观与高校法治文化建设的总体贯通不能仅仅局限于法律本身，而应进一步扩大到法律之外的、对社会生活发挥规范作用的其他制度规范，譬如在高校治理过程中存在的大量规范性文件和制度。按照社会主义核心价值观的实践要求，沟通法律与非法律的其他制度规范之间的协同、协调机制，自然也就成为实现二者总体贯通的重要内容。在这方面，近年来围绕着高校主体法律地位、学位授予的法律诉讼、校园伤害案件的讨论等都是该领域的重要问题。如何面对大学校园存在的诸多法律问题，实现法律机制与社会道德规范之间的蕴涵，仍值得进一步思考。

---

① 葛洪义：《法理学》，中国法制出版社，2007 年，第 166 页。